Capítulo 1
NOVEDADES DE LA LEY 39/2015

SUMARIO

El 2 de octubre de 2016 entra en vigor (parcialmente) la Ley 39/2015 que viene a sustituir a la Ley 30/92 de Régimen jurídico de las Administraciones Públicas y Procedimiento Administrativo Común.

Los que tenemos algunos años estudiamos en la facultad la famosa LPA del 58 (Ley de procedimiento administrativo del año 58) y la LRJAE 57 (Ley de Régimen Jurídico de la Administración del Estado del año 57).

La Ley 30/92 unifica en un solo texto las dos leyes donde se regulaba el Régimen Jurídico de las Administraciones

Pública (Administración General, autonómica, local e institucional) así como el Procedimiento Administrativo para que los ciudadanos se relacionaran con las Administraciones.

La reforma vuelve a la vieja separación de las regulaciones en lo que algunos autores (Andrés Boix Palop) bautizan como "viejoven" regulación del procedimiento administrativo y de las Administraciones públicas.

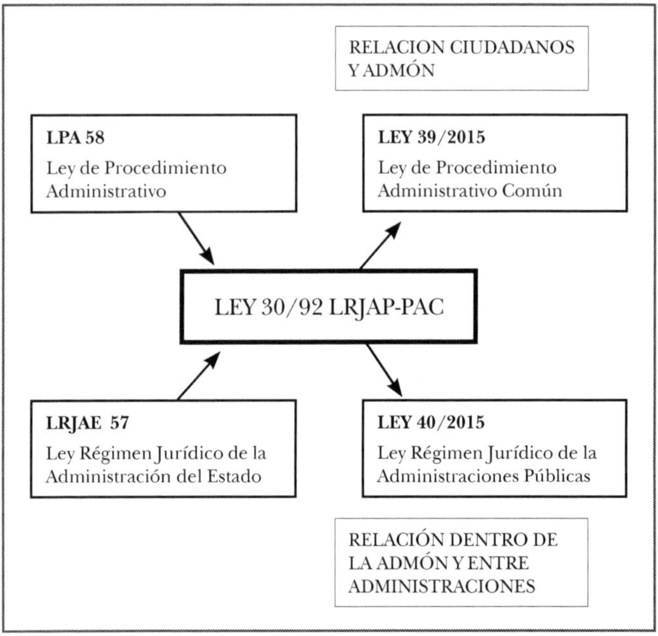

La idea por tanto es una reforma del ordenamiento jurídico público que separe en dos textos legales distintos las relaciones *ad extra* y *ad intra* de las Administraciones públicas.

Así la Ley 39/2015 regula de forma completa y sistemática las relaciones entre todas las Administraciones y los administrados, sin embargo para encontrar los principios (y por tanto derechos exigibles) del procedimiento sancionador y del procedimiento para exigir responsabilidad a la

Administración habrá que acudir a la Ley 40/2015, por lo que habrá que tener en cuenta esa contradicción para ejercer bien nuestros derechos y los de nuestros clientes.

La LRJSP (ley 40/2015) regula el régimen jurídico de las Administraciones públicas, pero para encontrar la regulación de la iniciativa legislativa y el desarrollo de la potestad reglamentaria habrá que consultar la Ley 39/ 2015.

La Ley 30/92 de RJAP-PAC, fue desarrollada principalmente por el RD 429/1993 de responsabilidad patrimonial de las administraciones públicas, el RD 1393/1993 de la potestad sancionadora y el RD 772/1999 sobre solicitudes, escritos y registros y copias.

También se completó con la Ley 11/2007 de Administración electrónica, que introduce la posibilidad (ahora obligación) de usar los medios electrónicos en las relaciones con la Administración. Fue desarrollada por RD 1671/2009 de desarrollo de la Administración Electrónica.

La nueva ley 39/2015 refunde en único texto los contenidos de la Ley 30/92 y la Ley 11/2007, haciendo obligatorio el uso de los medios electrónicos a determinadas personas y profesionales y dejando una larga Vactio Legis (Disposición Final Séptima) para la puesta en funcionamiento[1] (obligatorio para todas las administraciones) que producirá efecto a los dos años de la entrada en vigor (2-10-2018).

- ❑ Registro Electrónico de Apoderamientos (REA),
- ❑ Registro electrónico,
- ❑ Registro de Empleados Públicos habilitados,
- ❑ Punto de Acceso General Electrónico de la Administración,
- ❑ Archivo único electrónico.

---

1 Nótese que algunas Administraciones ya cuentan con estos medios a disposición del ciudadano, siendo otras Administraciones las que deben adaptarse y conseguir los medios adecuados. En consecuencia nuestros derechos como ciudadanos se verán reconocidos o no en función de la Administración con las que nos relacionemos.

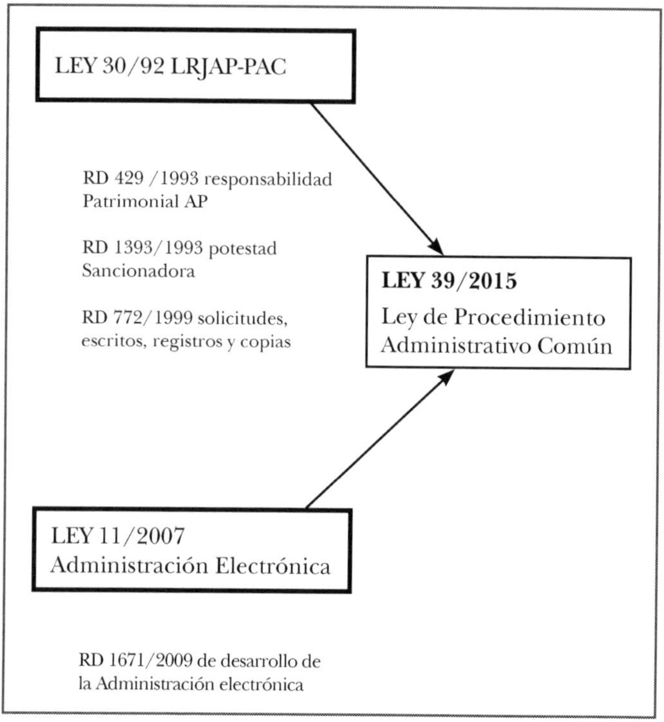

1. RELACIÓN DE LOS CIUDADANOS CON LA ADMINISTRACIÓN

La LPAC tiene por objeto regular los requisitos de validez y eficacia de los actos administrativos, el procedimiento común a todas las Administraciones públicas, incluyendo el sancionador y el de reclamación de responsabilidad patrimonial, así como los principios a los que debe ajustarse el ejercicio de la iniciativa legislativa y la potestad reglamentaria.

La LPAC recoge previsiones muy similares a la LRJPAC, mantiene el núcleo central de la regulación vigente en materia de procedimiento administrativo común, se pretende cambiar la forma de hacer las cosas, para ahorrar tiempo, ganar eficacia, evitar duplicidades. Se pretende que "nos pasemos a lo electrónico" por ser más fácil, rápido y ventajoso.

Todo ello dependerá de la forma de desarrollarse la Ley, de la rapidez o no con que las Administraciones se adapten a las exigencias legales (tres años de Vacatio Legis) y de la aplicación que hagan los operadores jurídicos. A veces, en vez de encontrarnos un camino fácil, rápido y ventajoso aparecen las "llamadas barreras electrónicas" que impiden justamente que el ciudadano pueda acceder a un registro, presentar una solicitud, enterarse en qué estado está su trámite y sobre todo las imposibilidad de superar esas barreras.

2. PRINCIPALES NOVEDADES

1º) Regulación de la llamada Administración Electrónica y la obligación de ciertos sujetos de relacionarse de forma electrónica con la Administración[2].
2º) Nuevo Procedimiento Abreviado.
3º) Cómputo de plazos por Horas y los sábados son días inhábiles.
4º) Eliminación del plazo de 3 meses para impugnación actos presuntos (Se convierte en ley el criterio jurisprudencial).

2.1. Regulación de la Administración Electrónica

La LPAC introduce el empleo de medios electrónicos en las relaciones entre las Administraciones públicas y entre estas y los ciudadanos. Se generaliza así el uso de medios electrónicos en todas las fases del procedimiento administrativo:

- Identificación y representación de los interesados.
- Notificación electrónica.
- La representación de los interesados podrá acreditarse mediante comparecencia electrónica en la

2 En 1900, se reconoce la validez de los documentos hechos con máquina de escribir como si fueran manuscritos.

En 1992 se reconoce el uso de los documentos electrónicos como si fueran documentos en papel.

En 2007 se reconoce la validez de las copias electrónicas como si fueran en papel.

En 2016 solamente hay documento electrónico y expediente Electrónico.

correspondiente sede electrónica o a través de su inscripción en el registro electrónico de apoderamientos (REA).

- Identificación (Art 9).
- Firma electrónica de los interesados (Art 10).

Las personas físicas podrán elegir en todo momento si se comunican con las Administraciones públicas a través de medios electrónicos.

Están obligados a utilizar medios electrónicos

- Quienes ejerzan una actividad profesional para la que se requiera colegiación obligatoria, cuando realicen trámites y actuaciones en ejercicio de dicha actividad profesional.
- Las personas jurídicas y las entidades sin personalidad jurídica estarán en todo caso obligadas a relacionarse a través de medios electrónicos (art. 14.2).
- Las personas que reglamentariamente se determinen, cuando por razón de su capacidad económica, técnica, dedicación profesional u otros motivos quede acreditado que tienen acceso y disponibilidad de los medios electrónicos necesarios.

En el marco de la tramitación del procedimiento administrativo, los documentos aportados por los interesados podrán presentarse en el registro electrónico que cada Administración debe crear al efecto. El funcionamiento del registro electrónico debe permitir la presentación de documentos todos los días del año durante las veinticuatro horas (art. 31.2). A efectos del cómputo de plazo para los interesados, si el documento se presenta en día inhábil se entenderá realizado en la primera hora del primer día hábil siguiente. En caso de hacerlo de forma presencial, los documentos deberán ser digitalizados e incorporados al expediente electrónico (art. 16.5).

El artículo 41.1 establece que la notificación de los actos administrativos se practicará «preferentemente» por medios electrónicos. No obstante, en la práctica dicha declarada preferencia por la notificación electrónica solo resultará de obligada utilización en los casos en los que el interesado resulte obligado (legal o reglamentariamente) a recibirlas por esa vía.

Tanto en el caso de la aportación de documentos por los interesados como en la práctica de notificaciones se prevé que reglamentariamente se establezca la obligación de presentar determinados documentos o recibir las notificaciones por medios electrónicos para ciertos colectivos de personas físicas, cuando por razón de su capacidad económica, técnica, dedicación profesional u otros motivos quede acreditado que tienen acceso y disponibilidad de los medios electrónicos necesarios.

Por lo demás, la LPAC trata de minimizar los trámites y garantizar el cumplimiento de los plazos. Así, los interesados no están obligados a presentar documentos que hayan aportado anteriormente o que hayan sido elaborados por cualquier Administración (art. 28).

Entre los motivos de suspensión de los plazos de las Administraciones públicas, el artículo 22 prevé (junto a las causas ya establecidas en la LRJPAC):

- La existencia de un procedimiento no finalizado en el ámbito de la Unión Europea que condicione directamente el contenido de la resolución del procedimiento de que se trate,
- La necesidad de obtención de un previo pronunciamiento por parte de un órgano jurisdiccional. Asimismo, se establecen supuestos preceptivos de suspensión del transcurso del plazo máximo legal entre los que cabe destacar la recusación en cualquier momento de la tramitación de un procedimiento, desde que se plantea hasta que es resulta por el superior jerárquico del recusado.

Silencio administrativo

En relación con el silencio administrativo en procedimientos iniciados a solicitud de interesado, el artículo mantiene el sistema del silencio positivo con las excepciones ya vigentes en la LRJPAC y algunas aclaraciones, estableciendo como novedad que en el plazo de 15 días desde que expire el plazo máximo para resolver la Administración deberá expedir de oficio el correspondiente certificado del silencio (art. 24.4).

Especialidades en el procedimiento sancionador

El artículo 62 regula el inicio del procedimiento por denuncia, e incorpora en su apartado 4 el denominado procedimiento de clemencia[3] al disponer que cuando el denunciante haya participado en la comisión de la infracción y existan otros infractores, se eximirá al denunciante del pago de la multa que le correspondería u otro tipo de sanción pecuniaria:

- Cuando sea el primero en aportar elementos de prueba que permitan iniciar el procedimiento o comprobar la infracción,
- Siempre y cuando en el momento de aportarse dichos medios probatorios no se disponga de elementos suficientes para ordenar el procedimiento,y
- Se repare el perjuicio causado.

Si no concurren todas las condiciones anteriores el órgano competente podrá reducir el importe de la multa cuando el denunciante facilite elementos de prueba que «*aporten un valor añadido significativo*» respecto de los que disponga la Administración.

El artículo 63.3 introduce otra novedad en el inicio de procedimientos sancionadores, estableciendo la imposibili-

3 Siguiendo la nomenclatura de Antoni Companys i Alet, la redacción del artículo 62.4, y en concreto el inciso «*infracción de esta naturaleza*», genera ciertas dudas respecto del ámbito de aplicación del procedimiento de clemencia, en el sentido de si alcanza a todo tipo de infracciones o solo a las que causen perjuicios en el patrimonio de las Administraciones públicas, previstas en el apartado 3. El referido inciso fue incorporado en el trámite parlamentario y con posterioridad al Dictamen n.º 275/2015 del Consejo de Estado que advertía de los riesgos de generalizar un procedimiento de clemencia a todos los procedimientos sancionadores, de manera que no es descartable que el legislador haya optado por restringir esta posibilidad a la infracciones que afecten al patrimonio de las Administraciones públicas.

dad de iniciar nuevos procedimientos de carácter sancionador por hechos o conductas tipificadas como infracciones en cuya comisión el infractor persista de forma continuada, en tanto no haya recaído una primera resolución sancionadora con carácter ejecutivo, es decir, que sea firme en vía administrativa.

Responsabilidad patrimonial de la administración

La responsabilidad patrimonial de la Administración se regula en los artículos 32 a 35 en términos muy similares a la vigente LRJPAC. Sin embargo, hay dos materias en las que se innova la LRJPAC: la responsabilidad de la Administración en relaciones de Derecho privado y la responsabilidad del Estado legislador.

2.2. Nuevo Procedimiento Abreviado/Simplificado

La LPAC incorpora una tramitación simplificada del procedimiento administrativo común (art. 96) por razones de interés público o falta de complejidad del procedimiento, que puede ser acordado de oficio o a instancia de parte, sin perjuicio de que en cualquier momento del procedimiento pueda acordarse su continuación con arreglo a la tramitación ordinaria. La tramitación simplificada debe permitir la resolución del procedimiento en treinta días a contar desde el siguiente al que se notifique al interesado el acuerdo de tramitación simplificada del procedimiento.

2.3. Cómputo de plazos por horas y sábados inhábiles

Existen varias novedades respecto de la regulación vigente.

Por un lado se establece el cómputo de plazos en horas. Así, son hábiles todas las horas del día que formen parte de un día hábil

> «*se contarán de hora en hora y de minuto en minuto desde la hora y minuto* en *que tenga lugar la notificación o publicación del acto de que se trate y no podrán tener una duración superior a veinticuatro horas*».

La Administración no suele dar plazos en horas[4], sin embargo la nueva forma de presentar los escritos en cualquier día (hábil o no) y a cualquier hora hacen conveniente que la huella de los registros marquen días, horas y minutos. Y sobre todo las notificaciones realizadas electrónicamente tendrán en cuenta el día, la hora y el minuto.

Por otro lado, los sábados serán inhábiles juntos con los *domingos y los declarados festivos*».

2.4. *Revisión de actos en vía administrativa*

En materia de revisión de actos en vía administrativa, la LPAC presenta tres novedades significativas.

1º) En los supuestos en que exista una pluralidad de recursos interpuestos contra un mismo acto administrativo y, habiéndose resuelto alguno de ellos, el interesado haya impugnado la correspondiente resolución en vía contenciosa administrativa, se prevé la posibilidad de acordar la suspensión del plazo para resolver tales recursos en tanto no se haya resuelto el recurso en vía judicial.

2º) En segundo lugar, en la regulación del recurso de alzada se mantiene el plazo para la interposición del recurso de un mes previsto actualmente en el artículo 115 LRJPAC eliminando el régimen vigente en cuanto a la impugnación de actos presuntos, respecto de los cuales el plazo previsto actualmente es de 3 meses, de manera que se permite impugnar el acto presunto en cualquier momento a partir de la producción del silencio[5] (art. 122.1).

4 Solamente recuerdo el plazo de 48 horas para hacer alegaciones en el procedimiento de expulsión preferente de extranjeros.

5 De esta forma, la LPAC recoge la consolidada jurisprudencia del Tribunal Constitucional y de los tribunales de la Jurisdicción Contenciosa-Administrativa. Al respecto, se había argumentado que la falta de impugnación por el interesado de las desestimaciones por silencio no significaba su consentimiento al contenido de un acto administrativo presunto. De lo contrario se primaría injustificadamente la inactividad de la Administración, colocándola en mejor situación que si hubiera cumplido con su deber de dictar y notificar la correspondiente resolución expresa.

3º) La LPAC ya no contempla –a pesar de la sugerencia del Consejo de Estado de mantenerlas con carácter potestativo–, las reclamaciones previas en vía civil y laboral «*debido a la escasa utilidad práctica que han demostrado hasta la fecha*».

3. NORMAS QUE DEROGA

Sin perjuicio de lo dispuesto en la Disposición Derogatoria única (consultar el Texto legal) se facilita el siguiente cuadro para mayor comprensión gráfica.

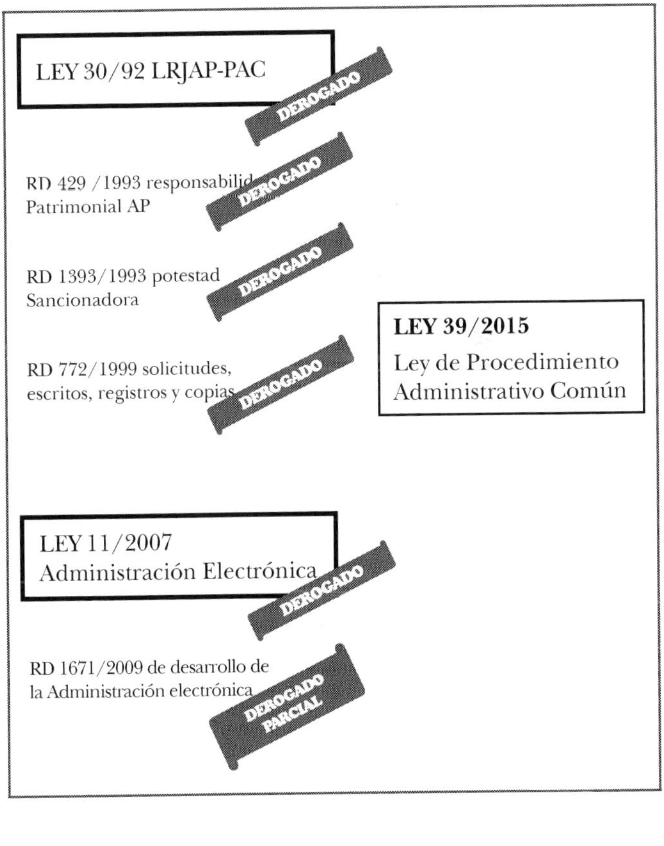

Capítulo 2
DERECHOS DE LOS CIUDADANOS ANTE LAS ADMINISTRACIONES PÚBLICAS

SUMARIO

1. CUADRO COMPARATIVO DERECHOS

Ley 39/2015	Ley 30/92
Art 12.1 Las Administraciones Públicas deberán garantizar que los interesados pueden relacionarse con la Administración a través de medios electrónicos, para lo que pondrán a su disposición los canales de acceso que sean necesarios así como los sistemas y aplicaciones que en cada caso se determinen.	

Ley 39/2015		Ley 30/92
Art 12.2 último párrafo		
	Asimismo, si alguno de estos interesados no dispone de los medios electrónicos necesarios, su identificación o firma electrónica en el procedimiento administrativo podrá ser válidamente realizada por un funcionario público mediante el uso del sistema de firma electrónica del que esté dotado para ello. En este caso, será necesario que el interesado que carezca de los medios electrónicos necesarios se identifique ante el funcionario y preste su consentimiento expreso para esta actuación, de lo que deberá quedar constancia para los casos de discrepancia o litigio.	
Art 13		
a)	A comunicarse con las Administraciones Públicas a través de un Punto de Acceso General electrónico de la Administración.	
b)	A ser asistidos en el uso de medios electrónicos en sus relaciones con las Administraciones Públicas	*35.g)*
c)	A utilizar las lenguas oficiales en el territorio de su Comunidad Autónoma, de acuerdo con lo previsto en esta Ley y en el resto del ordenamiento jurídico.	*35.d y 36*
d)	Al acceso a la información pública, archivos y registros, de acuerdo con lo previsto en la Ley 19/2013, de 9 de diciembre, de transparencia, acceso a la información pública y buen gobierno y el resto del Ordenamiento Jurídico.	*35. h) y 37*
e)	A ser tratados con respeto y deferencia por las autoridades y empleados públicos, que habrán de facilitarles el ejercicio de sus derechos y el cumplimiento de sus obligaciones.	*35 i)*
f)	A exigir las responsabilidades de las Administraciones Públicas y autoridades, cuando así corresponda legalmente.	*35 j)*
g)	A la obtención y utilización de los medios de identificación y firma electrónica contemplados en esta Ley.	
h)	A la protección de datos de carácter personal, y en particular a la seguridad y confidencialidad de los datos que figuren en los ficheros, sistemas y aplicaciones de las Administraciones Públicas.	
i)	Cualesquiera otros que les reconozcan la Constitución y las leyes. (art 53. I) Estos derechos se entienden sin perjuicio de los reconocidos en el artículo 53 referidos a los interesados en el procedimiento administrativo.	*35 k)*

Ley 39/2015	Ley 30/92
Art 14. 1	
1. Las personas físicas podrán elegir en todo momento si se comunican con las Administraciones Públicas para el ejercicio de sus derechos y obligaciones a través de medios electrónicos o no, salvo que estén obligadas a relacionarse a través de medios electrónicos con las Administraciones Públicas. El medio elegido por la persona para comunicarse con las Administraciones Públicas podrá ser modificado por aquella en cualquier momento.	
Art 16.3 El registro electrónico de cada Administración u Organismo garantizará la constancia, en cada asiento que se practique, de un número, epígrafe expresivo de su naturaleza, fecha y hora de su presentación, identificación del interesado, órgano administrativo remitente, si procede, y persona u órgano administrativo al que se envía, y, en su caso, referencia al contenido del documento que se registra. Para ello, **se emitirá automáticamente un recibo consistente en una copia autenticada del documento de que se trate, incluyendo la fecha y hora de presentación y el número de entrada de registro, así como un recibo acreditativo de otros documentos que, en su caso, lo acompañen, que garantice la integridad y el no repudio de los mismos.**	
Art 16.5 **5.** Los documentos presentados de manera presencial ante las Administraciones Públicas, deberán ser digitalizados, de acuerdo con lo previsto en el artículo 27 y demás normativa aplicable, **por la oficina de asistencia en materia de registros en la que hayan sido presentados para su incorporación al expediente administrativo electrónico, devolviéndose los originales al interesado, sin perjuicio de aquellos supuestos en que la norma determine la custodia por la Administración de los documentos presentados o resulte obligatoria la presentación de objetos o de documentos en un soporte específico no susceptibles de digitalización.**	
Art 53	
a) A conocer, en cualquier momento, el estado de la tramitación de los procedimientos en los que tengan la condición de interesados; el sentido del silencio administrativo que corresponda, en caso de que la Administración no dicte ni notifique resolución expresa en plazo; el órgano competente para su instrucción, en su caso, y resolución; y los actos de trámite dictados. Asimismo, también tendrán derecho a acceder y a obtener copia de los documentos contenidos en los citados procedimientos.	*35 a)*

	Ley 39/2015	Ley 30/92
	Quienes se relacionen con las Administraciones Públicas a través de medios electrónicos, tendrán derecho a consultar la información a la que se refiere el párrafo anterior, en el Punto de Acceso General electrónico de la Administración que funcionará como un portal de acceso. Se entenderá cumplida la obligación de la Administración de facilitar copias de los documentos contenidos en los procedimientos mediante la puesta a disposición de las mismas en el Punto de Acceso General electrónico de la Administración competente o en las sedes electrónicas que correspondan.	
b)	A identificar a las autoridades y al personal al servicio de las Administraciones Públicas bajo cuya responsabilidad se tramiten los procedimientos.	*35 b)*
c)	A no presentar documentos originales salvo que, de manera excepcional, la normativa reguladora aplicable establezca lo contrario. En caso de que, excepcionalmente, deban presentar un documento original, tendrán derecho a obtener una copia autenticada de éste.	
Art 16.3 Recibo de presentación		*35. c)*
d)	A no presentar datos y documentos no exigidos por las normas aplicables al procedimiento de que se trate, que ya se encuentren en poder de las Administraciones Públicas o que hayan sido elaborados por éstas.	*35 f)*
e)	A formular alegaciones, utilizar los medios de defensa admitidos por el Ordenamiento Jurídico, y a aportar documentos en cualquier fase del procedimiento anterior al trámite de audiencia, que deberán ser tenidos en cuenta por el órgano competente al redactar la propuesta de resolución.	*35 e)*
f)	A obtener información y orientación acerca de los requisitos jurídicos o técnicos que las disposiciones vigentes impongan a los proyectos, actuaciones o solicitudes que se propongan realizar.	*35 g)*
g)	A actuar asistidos de asesor cuando lo consideren conveniente en defensa de sus intereses.	*32*
h)	A cumplir las obligaciones de pago a través de los medios electrónicos previstos en el artículo 98.2.	
I)	Cualesquiera otros que les reconozcan la Constitución y las leyes. (13. i)	*35. k*

Ley 39/2015	Ley 30/92
2. Además de los derechos previstos en el apartado anterior, en el caso de procedimientos administrativos de naturaleza sancionadora, los presuntos responsables tendrán los siguientes derechos:	
a) A ser notificado de los hechos que se le imputen, de las infracciones que tales hechos puedan constituir y de las sanciones que, en su caso, se les pudieran imponer, así como de la identidad del instructor, de la autoridad competente para imponer la sanción y de la norma que atribuya tal competencia.	*Art 135*
b) A la presunción de no existencia de responsabilidad administrativa mientras no se demuestre lo contrario.	*Art 137*
Principios de la potestad sancionadora (LEY 40/2015) ***Artículo 25 Principio de legalidad***	*Art 127*
1. La potestad sancionadora de las Administraciones Públicas se ejercerá cuando haya sido expresamente reconocida por una norma con rango de Ley, con aplicación del procedimiento previsto para su ejercicio y de acuerdo con lo establecido en esta Ley y en la Ley de Procedimiento Administrativo Común de las Administraciones Públicas y, cuando se trate de Entidades Locales, de conformidad con lo dispuesto en el Título XI de la Ley 7/1985, de 2 de abril. **2.** El ejercicio de la potestad sancionadora corresponde a los órganos administrativos que la tengan expresamente atribuida, por disposición de rango legal o reglamentario. **3.** Las disposiciones de este Capítulo serán extensivas al ejercicio por las Administraciones Públicas de su potestad disciplinaria respecto del personal a su servicio, cualquiera que sea la naturaleza jurídica de la relación de empleo. **4.** Las disposiciones de este capítulo no serán de aplicación al ejercicio por las Administraciones Públicas de la potestad sancionadora respecto de quienes estén vinculados a ellas por relaciones reguladas por la legislación de contratos del sector público o por la legislación patrimonial de las Administraciones Públicas.	
***Artículo 26 Irretroactividad* (LEY 40/2015)**	
1. Serán de aplicación las disposiciones sancionadoras vigentes en el momento de producirse los hechos que constituyan infracción administrativa. **2.** Las disposiciones sancionadoras producirán efecto retroactivo en cuanto favorezcan al presunto infractor o al infractor, tanto en lo referido a la tipificación de la infracción como a la sanción y a sus plazos de prescripción, incluso respecto de las sanciones pendientes de cumplimiento al entrar en vigor la nueva disposición.	*Art 128*

Ley 39/2015	Ley 30/92
***Artículo 27 Principio de tipicidad* (LEY 40/2015)** Sólo constituyen infracciones administrativas las vulneraciones del ordenamiento jurídico previstas como tales infracciones por una Ley, sin perjuicio de lo dispuesto para la Administración Local en el Título XI de la Ley 7/1985, de 2 de abril. Las infracciones administrativas se clasificarán por la Ley en leves, graves y muy graves. **2.** Únicamente por la comisión de infracciones administrativas podrán imponerse sanciones que, en todo caso, estarán delimitadas por la Ley. **3.** Las disposiciones reglamentarias de desarrollo podrán introducir especificaciones o graduaciones al cuadro de las infracciones o sanciones establecidas legalmente que, sin constituir nuevas infracciones o sanciones, ni alterar la naturaleza o límites de las que la Ley contempla, contribuyan a la más correcta identificación de las conductas o a la más precisa determinación de las sanciones correspondientes. **4.** Las normas definidoras de infracciones y sanciones no serán susceptibles de aplicación analógica.	*Art 129*
***Artículo 28 Responsabilidad* (LEY 40/2015)** **1.** Sólo podrán ser sancionadas por hechos constitutivos de infracción administrativa las personas físicas y jurídicas, así como, cuando una Ley les reconozca capacidad de obrar, los grupos de afectados, las uniones y entidades sin personalidad jurídica y los patrimonios independientes o autónomos, que resulten responsables de los mismos a título de dolo o culpa. **2.** Las responsabilidades administrativas que se deriven de la comisión de una infracción serán compatibles con la exigencia al infractor de la reposición de la situación alterada por el mismo a su estado originario, así como con la indemnización por los daños y perjuicios causados, que será determinada y exigida por el órgano al que corresponda el ejercicio de la potestad sancionadora. De no satisfacerse la indemnización en el plazo que al efecto se determine en función de su cuantía, se procederá en la forma prevista en el artículo 101 de la Ley del Procedimiento Administrativo Común de las Administraciones Públicas. **3.** Cuando el cumplimiento de una obligación establecida por una norma con rango de Ley corresponda a varias personas conjuntamente, responderán de forma solidaria de las infracciones que, en su caso, se cometan y de las sanciones que se impongan. No obstante, cuando la sanción sea pecuniaria y sea posible se individualizará en la resolución en función del grado de participación de cada responsable.	*Art 130*

Ley 39/2015	Ley 30/92
4. Las leyes reguladoras de los distintos regímenes sancionadores podrán tipificar como infracción el incumplimiento de la obligación de prevenir la comisión de infracciones administrativas por quienes se hallen sujetos a una relación de dependencia o vinculación. Asimismo, podrán prever los supuestos en que determinadas personas responderán del pago de las sanciones pecuniarias impuestas a quienes de ellas dependan o estén vinculadas.	
***Artículo 29 Principio de proporcionalidad* (LEY 40/2015)** **1.** Las sanciones administrativas, sean o no de naturaleza pecuniaria, en ningún caso podrán implicar, directa o subsidiariamente, privación de libertad. **2.** El establecimiento de sanciones pecuniarias deberá prever que la comisión de las infracciones tipificadas no resulte más beneficioso para el infractor que el cumplimiento de las normas infringidas. **3.** En la determinación normativa del régimen sancionador, así como en la imposición de sanciones por las Administraciones Públicas se deberá observar la debida idoneidad y necesidad de la sanción a imponer y su adecuación a la gravedad del hecho constitutivo de la infracción. La graduación de la sanción considerará especialmente los siguientes criterios: **a)** El grado de culpabilidad o la existencia de intencionalidad. **b)** La continuidad o persistencia en la conducta infractora. **c)** La naturaleza de los perjuicios causados. **d)** La reincidencia, por comisión en el término de un año de más de una infracción de la misma naturaleza cuando así haya sido declarado por resolución firme en vía administrativa. **4.** Cuando lo justifique la debida adecuación entre la sanción que deba aplicarse con la gravedad del hecho constitutivo de la infracción y las circunstancias concurrentes, el órgano competente para resolver podrá imponer la sanción en el grado inferior. **5.** Cuando de la comisión de una infracción derive necesariamente la comisión de otra u otras, se deberá imponer únicamente la sanción correspondiente a la infracción más grave cometida. **6.** Será sancionable, como infracción continuada, la realización de una pluralidad de acciones u omisiones que infrinjan el mismo o semejantes preceptos administrativos, en ejecución de un plan preconcebido o aprovechando idéntica ocasión.	*Art 13*

Ley 39/2015	Ley 30/92
***Artículo 30 Prescripción* (LEY 40/2015)** **1.** Las infracciones y sanciones prescribirán según lo dispuesto en las leyes que las establezcan. Si éstas no fijan plazos de prescripción, las infracciones muy graves prescribirán a los tres años, las graves a los dos años y las leves a los seis meses; las sanciones impuestas por faltas muy graves prescribirán a los tres años, las impuestas por faltas graves a los dos años y las impuestas por faltas leves al año. **2.** El plazo de prescripción de las infracciones comenzará a contarse desde el día en que la infracción se hubiera cometido. En el caso de infracciones continuadas o permanentes, el plazo comenzará a correr desde que finalizó la conducta infractora. Interrumpirá la prescripción la iniciación, con conocimiento del interesado, de un procedimiento administrativo de naturaleza sancionadora, reiniciándose el plazo de prescripción si el expediente sancionador estuviera paralizado durante más de un mes por causa no imputable al presunto responsable. **3.** El plazo de prescripción de las sanciones comenzará a contarse desde el día siguiente a aquel en que sea ejecutable la resolución por la que se impone la sanción o haya transcurrido el plazo para recurrirla. Interrumpirá la prescripción la iniciación, con conocimiento del interesado, del procedimiento de ejecución, volviendo a transcurrir el plazo si aquél está paralizado durante más de un mes por causa no imputable al infractor. En el caso de desestimación presunta del recurso de alzada interpuesto contra la resolución por la que se impone la sanción, el plazo de prescripción de la sanción comenzará a contarse desde el día siguiente a aquel en que finalice el plazo legalmente previsto para la resolución de dicho recurso.	*Art 132*
***Artículo 31 Concurrencia de sanciones* (LEY 40/2015)** **1.** No podrán sancionarse los hechos que lo hayan sido penal o administrativamente, en los casos en que se aprecie identidad del sujeto, hecho y fundamento. **2.** Cuando un órgano de la Unión Europea hubiera impuesto una sanción por los mismos hechos, y siempre que no concurra la identidad de sujeto y fundamento, el órgano competente para resolver deberá tenerla en cuenta a efectos de graduar la que, en su caso, deba imponer, pudiendo minorarla, sin perjuicio de declarar la comisión de la infracción.	*Art 133*

2. DERECHOS DE LAS PERSONAS Y DERECHOS DE LOS INTERESADOS

La ley distingue entre derechos de las personas que regula principalmente en el art 13, y derechos de los interesados que regula en el art 53. Se abandona por tanto la técnica de la antigua ley 30/92 que recogía en el art 35 todos los derechos.

Distinguir entre personas e interesados a la hora de atribuirles derechos, es un tanto impreciso, puesto que todo interesado[6] (titular de un derecho o interés que sea parte de un procedimiento o pueda verse afecto) tendrá los derechos de las personas. Por otra parte las personas pueden ser interesados reales o potenciales en un procedimiento.

Del estudio de la norma, vemos que existen otros derechos más allá del art 13 y 53 de la Ley. Así por ejemplo las remisiones a la ley de transparencia (Ley 19/2013) que obliga a las Administraciones a actuar de una determinada forma convirtiendo dichas exigencias en un derecho del ciudadano. Los art 12 y 14 recogen determinados derechos a relacionarse a través de medios electrónicos, o los principios de la potestad sancionadora que se recogen en los art. 25 a 31 de la Ley 40/2015

- DERECHOS LEY 39/2015
  - **DERECHOS DE LAS PERSONAS**
    - ART 12
    - **ART 13**
    - ART 14
    - ART 16
  - **DERECHOS DE LOS INTERESADOS**
    - **ART 53**
    - Ppos Potes Sanc (ART 25-31 LEY 40/2015)

6 Ver Art 4 de le Ley 39/2015.

3. DESARROLLO DE LOS DERECHOS DE LAS PERSONAS

Art 12.1 Ley 39/2015

Las Administraciones Públicas deberán garantizar que **los interesados pueden relacionarse con la Administración a través de medios electrónicos,** para lo que pondrán a su disposición los **canales de acceso que sean necesarios así como los sistemas y aplicaciones que en cada caso se determinen.**

Art 12.2 último párrafo Ley 39/2015

Asimismo, si alguno de estos interesados no dispone de los medios electrónicos necesarios, su identificación o firma electrónica en el procedimiento administrativo podrá ser válidamente realizada por un funcionario público mediante el uso del sistema de firma electrónica del que esté dotado para ello. **En este caso, será necesario que el interesado que carezca de los medios electrónicos necesarios se identifique ante el funcionario y preste su consentimiento expreso para esta actuación**, de lo que deberá quedar constancia para los casos de discrepancia o litigio.

Este derecho ya reconocido en la Ley 11/2007, dota de validez y eficacia las actividad administrativa en condiciones de seguridad jurídica.

Art 13. Derechos de las personas en sus relaciones con las Administraciones Públicas

Quienes de conformidad con el artículo 3, tienen capacidad de obrar ante las Administraciones Públicas, son titulares, en sus relaciones con ellas, de los siguientes derechos:

Art. 13.a) A comunicarse con las Administraciones Públicas a través de un Punto de Acceso General electrónico de la Administración.

La Administración General del Estado dispone de un PUNTO DE ACCESO GENERAL.

Este punto contendrá la sede electrónica que facilita el acceso a los servicios, procedimiento e informaciones accesible, a través de la cual se acede al Registro Electrónico Común.

Podrá proporcionar acceso a servicios o informaciones correspondientes a otras Administraciones públicas no estatales, mediante la celebración de los correspondientes convenios.

Podrá incluir servicio adicionales, así como distribuir la información sobre el acceso electrónico a los servicios de manera que pueda ser utilizada por otros departamentos ministeriales, Administraciones o sector público.

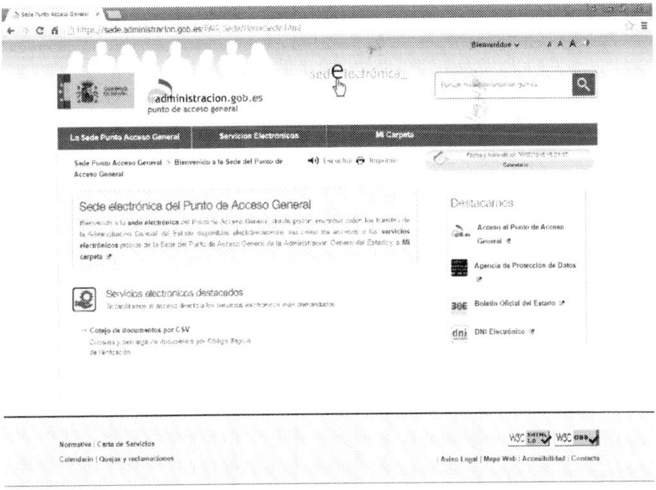

http://Administración.gob.es (punto de acceso general)

P.A.G. (Punto de Acceso General)

1º) **La sede Punto de Acceso General**

2º) **Servicios Electrónicos**

Registro Electrónico Común

- Inscripción en pruebas selectivas
- Cambio de domicilio
- Notificaciones electrónicas
- Registro Electrónico de Apoderamientos
- Registro de Funcionarios Habilitados
- Cotejo de documentos por CSV

3º) **Mi carpeta**

- Al estado de tus expedientes
- A tus datos personales registrados en la Administración
- A tus apoderamientos
- A tus registros

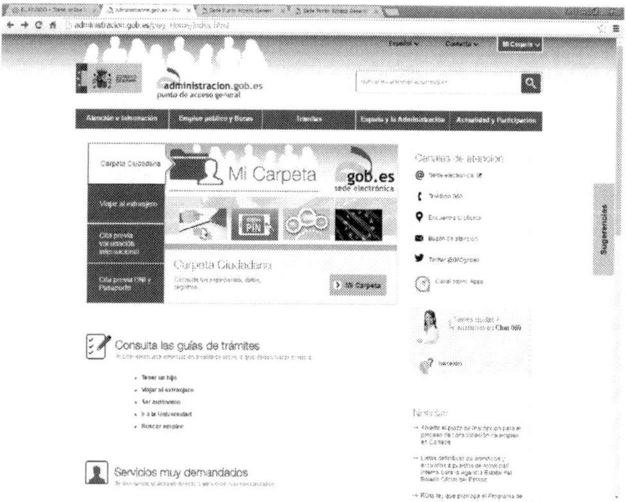

Carpeta Ciudadana

- **El acceso a tu Carpeta requiere que te identifiques mediante el sistema de autenticación de Cl@ve a través de:**
  - Certificado digital o DNI electrónico
  - Clave PIN
  - Clave Permanente

Art. 13.b) A ser asistidos en el uso de medios electrónicos en sus relaciones con las Administraciones Públicas (salvo los obligados a relacionarse por medios electrónicos).

Con carácter general, los administrados tienen derecho a obtener información y orientación acerca de los requisitos jurídicos o técnicos que las disposiciones vigentes impongan a los **proyectos, actuaciones o solicitudes** que se propongan realizar.

En todo caso, estarán obligados a relacionarse a través de medios electrónicos (y no tendrán asistencia de la administración) para la realización de cualquier trámite de un procedimiento administrativo, al menos, los siguientes sujetos:

a) Las personas jurídicas.

b) Las entidades sin personalidad jurídica.

c) Quienes ejerzan una actividad profesional para la que se requiera colegiación obligatoria, para los trámites y actuaciones que realicen con las Administraciones Públicas en ejercicio de dicha actividad profesional. En todo caso, dentro de este colectivo se entenderán incluidos los notarios y registradores de la propiedad y mercantiles.

d) Quienes representen a un interesado que esté obligado a relacionarse electrónicamente con la Administración.

e) Los empleados de las Administraciones Públicas para los trámites y actuaciones que realicen con ellas por razón de su condición de empleado público, en la forma en que se determine reglamentariamente por cada Administración.

3. Reglamentariamente, las Administraciones podrán establecer la obligación de relacionarse con ellas a través de medios electrónicos para determinados procedimientos y para ciertos colectivos de personas físicas que por razón de su capacidad económica, técnica, dedicación profesional u otros motivos quede acreditado que tienen acceso y disponibilidad de los medios electrónicos necesarios.

Art. 13.c) A utilizar las lenguas oficiales en el territorio de su Comunidad Autónoma, de acuerdo con lo previsto en esta Ley y en el resto del ordenamiento jurídico.

Aunque la lengua de los procedimientos tramitados por la Administración General del Estado es el Español o castellano, los interesados que se dirijan a los órganos de la Administración General del Estado con sede en el territorio de una comunidad autónoma pueden utilizar también la lengua que sea cooficial en ella.

El principio general en la materia es la rotunda contrariedad a Derecho de la imposición del uso de una de las lenguas cooficiales, con ocasión de las relaciones con las Administraciones públicas, en los territorios en que coexisten más de un idioma oficial.

Los impresos normalizados que se pongan a disposición de los ciudadanos en las dependencias situadas en el **ámbito territorial de una comunidad autónoma** con lengua cooficial han de ser bilingües en español y en la lengua cooficial.

Art. 13.d) Al acceso a la información pública, archivos y registros, de acuerdo con lo previsto en la Ley 19/2013, de 9 de diciembre, de transparencia, acceso a la información pública y buen gobierno y el resto del Ordenamiento Jurídico.

La **Ley de transparencia** tiene por objeto ampliar y reforzar la transparencia de la actividad pública[7], regular

---

7 **a)** La Administración General del Estado, las Administraciones de las Comunidades Autónomas y de las Ciudades de Ceuta y Melilla y las entidades que integran la Administración Local.

b) Las entidades gestoras y los servicios comunes de la Seguridad Social así como las mutuas de accidentes de trabajo y enfermedades profesionales colaboradoras de la Seguridad Social.

c) Los organismos autónomos, las Agencias Estatales, las entidades públicas empresariales y las entidades de Derecho Público que, con independencia funcional o con una especial autonomía reconocida por la Ley,

y garantizar el derecho de acceso a la información relativa a aquella actividad y establecer las obligaciones de buen gobierno que deben cumplir los responsables públicos así como las consecuencias derivadas de su incumplimiento.

La ley exige una publicidad activa a estos sujetos, dar información institucional y sobre todo dar información de relevancia jurídica (Art. 7 ley de Transparencia) de relevancia económica y presupuestaria.

El derecho de acceso puede ser **restringido**, justificada y proporcionadamente, cuando acceder a la información suponga un **perjuicio** para:

a) La seguridad nacional.

b) La defensa.

c) Las relaciones exteriores.

---

tengan atribuidas funciones de regulación o supervisión de carácter externo sobre un determinado sector o actividad.

d) Las entidades de Derecho Público con personalidad jurídica propia, vinculadas a cualquiera de las Administraciones Públicas o dependientes de ellas, incluidas las Universidades públicas.

e) Las corporaciones de Derecho Público, en lo relativo a sus actividades sujetas a Derecho Administrativo.

f) La Casa de su Majestad el Rey, el Congreso de los Diputados, el Senado, el Tribunal Constitucional y el Consejo General del Poder Judicial, así como el Banco de España, el Consejo de Estado, el Defensor del Pueblo, el Tribunal de Cuentas, el Consejo Económico y Social y las instituciones autonómicas análogas, en relación con sus actividades sujetas a Derecho Administrativo.

g) Las sociedades mercantiles en cuyo capital social la participación, directa o indirecta, de las entidades previstas en este artículo sea superior al 50 por 100.

h) Las fundaciones del sector público previstas en la legislación en materia de fundaciones.

i) Las asociaciones constituidas por las Administraciones, organismos y entidades previstos en este artículo. Se incluyen los órganos de cooperación previstos en el artículo 5 de la Ley 30/1992, de 26 de noviembre, de Régimen Jurídico de las Administraciones Públicas y del Procedimiento Administrativo Común, en la medida en que, por su peculiar naturaleza y por carecer de una estructura administrativa propia, le resulten aplicables las disposiciones de este título. En estos casos, el cumplimiento de las obligaciones derivadas de la presente Ley serán llevadas a cabo por la Administración que ostente la Secretaría del órgano de cooperación.

A los efectos de lo previsto en este título, se entiende por Administraciones Públicas los organismos y entidades incluidos en las letras a) a d) del apartado anterior.

d) La seguridad pública.

e) La prevención, investigación y sanción de los ilícitos penales, administrativos o disciplinarios.

f) La igualdad de las partes en los procesos judiciales y la tutela judicial efectiva.

g) Las funciones administrativas de vigilancia, inspección y control.

h) Los intereses económicos y comerciales.

i) La política económica y monetaria.

j) El secreto profesional y la propiedad intelectual e industrial.

k) La garantía de la confidencialidad o el secreto requerido en procesos de toma de decisión.

l) La protección del medio ambiente.

En los casos en que la aplicación de alguno de los límites expuestos no afecte a la totalidad de la información, se concederá el **acceso parcial** previa omisión de la información afectada por el límite salvo que de ello resulte una información distorsionada o que carezca de sentido.

Principios de buen gobierno

1. Las personas comprendidas en el ámbito de aplicación de este título (miembros del Gobierno, a los Secretarios de Estado y al resto de los altos cargos de la Administración General del Estado y de las entidades del sector público estatal, de Derecho público o privado, vinculadas o dependientes de aquella.)
2. Altos cargos o asimilados que, de acuerdo con la normativa autonómica o local que sea de aplicación, tengan tal consideración, incluidos los miembros de las Juntas de Gobierno de las Entidades Locales.
3. Observarán en el ejercicio de sus funciones lo dispuesto en la Constitución Española y en el resto del ordenamiento jurídico y promoverán el respeto a los derechos fundamentales y a las libertades públicas.

2. Asimismo, adecuarán su actividad a los siguientes:

a) Principios generales:

1.º Actuarán con **transparencia** en la gestión de los asuntos públicos, de acuerdo con los **principios de eficacia, economía y eficiencia** y con el objetivo de **satisfacer el interés general**.

2.º Ejercerán sus funciones con dedicación al servicio público, absteniéndose de cualquier conducta que sea contraria a estos principios.

3.º Respetarán el **principio de imparcialidad**, de modo que mantengan un criterio independiente y ajeno a todo interés particular.

4.º Asegurarán un **trato igual y sin discriminaciones** de ningún tipo en el ejercicio de sus funciones.

5.º Actuarán con la diligencia debida en el cumplimiento de sus obligaciones y fomentarán la **calidad en la prestación de servicios públicos**.

6.º Mantendrán una **conducta digna y tratarán a los ciudadanos con esmerada corrección.**

7.º **Asumirán la responsabilidad de las decisiones y actuaciones propias y de los organismos que dirigen**, sin perjuicio de otras que fueran exigibles legalmente.

b) Principios de actuación:

1.º Desempeñarán su actividad con **plena dedicación y con pleno respeto a la normativa reguladora de las incompatibilidades y los conflictos de intereses.**

2.º Guardarán la **debida reserva** respecto a los hechos o informaciones conocidos con motivo u ocasión del ejercicio de sus competencias.

3.º **Pondrán en conocimiento** de los órganos competentes **cualquier actuación irregular** de la cual tengan conocimiento.

4.º **Ejercerán los poderes** que les atribuye la normativa vigente con la finalidad exclusiva para la que fueron otorgados y **evitarán toda acción que pueda poner en riesgo el interés público o el patrimonio de las Administraciones.**

5.º **No se implicarán en** situaciones, actividades o **intereses incompatibles** con sus funciones y se abstendrán de intervenir en los asuntos en que concurra alguna causa que pueda afectar a su objetividad.

6.º **No aceptarán para sí regalos** que superen los usos habituales, sociales o de cortesía, ni favores o servicios en condiciones ventajosas que puedan condicionar el desarrollo de sus funciones. En el caso de obsequios de una mayor relevancia institucional se procederá a su incorporación al patrimonio de la Administración Pública correspondiente.

7.º Desempeñarán sus funciones con transparencia.

8.º Gestionarán, protegerán y conservarán adecuadamente los recursos públicos, que no podrán ser utilizados para actividades que no sean las permitidas por la normativa que sea de aplicación.

9.º No se valdrán de su posición en la Administración para obtener ventajas personales o materiales.

Art. 13.e) A ser tratados con respeto y deferencia por las autoridades y empleados públicos, que habrán de facilitarles el ejercicio de sus derechos y el cumplimiento de sus obligaciones.

Este artículo establece de forma genérica el derecho a ser tratado con respeto por parte de la Administración, existiendo un deber de colaboración de los ciudadanos en el art 19 de la Ley. Por supuesto el empleado público facilitará el ejercicio de los derecho del interesado (información, orientación, normativa aplicable, asistencia con medios electrónicos) y el cumplimiento de sus obligaciones (facilitar formularios, modelos impresos, reenviar a la dependencia administrativa correspondiente).

Sin embargo, podemos enumerar una serie de actitudes o incidencias en la vida del ciudadano en relación con la administración que suponen una vulneración de ese trato respetuoso:

- Imposibilidad de acceder a la dependencia pública por existir largas filas de espera.
- Esperas inaceptables de horas, bajo sol o bajo la lluvia, frío y otras inclemencias.
- Reenvíos a otras dependencias sin solucionar la cuestión y equivocando al ciudadano.
- Sustitución de las colas por servicios de cita previa lejanos en el tiempo o que frustran el derecho y expectativa del interesado, sin posibilidad de adelantar o exponer la necesidad.
- Incumplimiento horario del servicio de Cita previa, con más de una hora de retraso.
- Imposición del servicio cita previa sin previo aviso e imposibilitando un acceso inmediato a un registro o servicio público.
- Irracionalidad en los arcos de seguridad, que provocan filas en los accesos a la dependencia pública.
- Reprensión del funcionario por llevar incompleta la documentación. Comentarios despectivos a los profesionales que representa al ciudadano, vulnerado el derecho a orientar y ayudar al ciudadano en sus derechos y obligaciones.
- Negativa a recoger la documentación por no estar completa, impidiendo el derecho a subsanar la solicitud.
- Necesidad de concertar nueva cita lejana en el tiempo (el vuelva ud. mañana electrónico).
- Exigencia de documentos innecesarios o que están a disposición de la propia Administración.
- Introducción de fases previas, entrevistas personales, autorizaciones innecesarias en registros públi-

cos, comparecencias obligatorias no previstas en la Ley.

- Rechazo de autorizaciones simples y exigencia de poderes.

Remisión a procedimientos electrónicos, o citas previas para información básica, atención de requerimientos, provocando ineficacia, retraso e irracionalidad en el uso de los medios.

Art. 13.f) A exigir las responsabilidades de las Administraciones Públicas y autoridades, cuando así corresponda legalmente.

Para exigir dichas responsabilidades es necesario poder identificar al funcionario y/o responsable para articular adecuadamente una **pretensión de responsabilidad** ante la Administración por causa de las actuaciones en las que el empleado público de referencia haya intervenido.

Para hacer efectiva la responsabilidad patrimonial, los particulares han de exigir **directamente a la Administración pública** correspondiente las indemnizaciones por los daños y perjuicios causados por las autoridades y personal a su servicio.

Cuando una persona física o entidad jurídica –privada o publica– causa un **perjuicio o daño a otro**, ya sea intencionado o casual, ya sea por error o negligencia, o por el desarrollo normal o anormal de la actividad que realiza o los servicios que presta, nace la **obligación de reparación**. La relación entre el daño producido a un tercero por la actividad propia y la obligación de reparación, es lo que denominamos comúnmente responsabilidad.

En nuestro ordenamiento la responsabilidad de las Administraciones constituye un **principio fundamental,** ya que los particulares, en los términos establecidos por la ley, tienen derecho a ser indemnizados por toda lesión que sufran en cualquiera de sus bienes y derechos, salvo en los casos de fuerza mayor, siempre que la lesión sea consecuencia del funcionamiento de los servicios públicos (art. 9.3 y 106.2 CE).

La responsabilidad patrimonial se define en dos **reglas esenciales**:

a) Los particulares tienen **derecho a ser indemnizados** por las Administraciones públicas correspondientes, de toda lesión que sufran en cualquiera de sus bienes y derechos, salvo en los casos de fuerza mayor, siempre que la lesión sea consecuencia de funcionamiento normal o anormal de los servicios públicos (Art. 32 Ley 40/2015).

b) En todo caso, la lesión por la que se origina el daño alegada ha de ser **efectiva, evaluable económicamente e individualizada** en relación con una persona o grupo de personas y no debemos estar obligados a soportarlo, lo que la convierte en antijurídica (Art. 32.2 Ley 40/2015).

> **Art. 13.g)** A la obtención y utilización de los medios de identificación y firma electrónica contemplados en esta Ley.

Hasta ahora cuando nos relacionábamos con la administración, rellenamos una solicitud, adjuntamos unos documentos y firmamos electrónicamente de tal forma que se acredita quiénes somos y la voluntad de presentar la solicitud, la subsanación, la aportación de documentos o el recurso oportuno.

La nueva ley distingue entre:

- **Identificación** (acreditar quienes somos) existiendo diferentes niveles de seguridad en esa identificación y
- **Firma** se reserva para acreditar la voluntad de esa solicitud, subsanación, recursos etc.

Esta separación viene definida por el Reglamento Comunitario eIDAS (Reglamento 910/2014).

El reglamento también reserva la firma electrónica para las personas físicas, de tal forma que la tan extendida firma de las personas jurídicas y de las Sociedades para actuar ante la Agencia Tributaria, va a cambiar, tomando mayor importancia el Registro Electrónico de Apoderamientos (R.E.A).

La identificación o autenticación ante la Administración puede hacer en cuatro niveles de seguridad.

Existe un página web denominada Cl@ve. Cl@ve es un sistema orientado a unificar y simplificar el acceso electrónico de los ciudadanos a los servicios públicos. Su objetivo principal es que el ciudadano pueda identificarse ante la Administración mediante claves concertadas (usuario más contraseña), sin tener que recordar claves diferentes para acceder a los distintos servicios.

Cl@ve complementa los actuales sistemas de acceso mediante DNI-e y certificado electrónico, y ofrece la posibilidad de realizar firma en la nube con certificados personales custodiados en servidores remotos.

Cl@ve contempla la utilización de sistemas de identificación:

1º Certificados electrónicos (incluyendo el DNI-e). sistema de identificación basados en claves concertadas (sistemas de usuario y contraseña).

2º Cl@ve ocasional (Cl@ve PIN): sistema de contraseña de validez muy limitada en el tiempo, orientado a usuarios que acceden esporádicamente a los servicios, que se corresponde con el sistema PIN24H de la AEAT.

3º Cl@ve permanente: sistema de contraseña de validez duradera en el tiempo, pero no ilimitada, orientado a usuarios habituales. Se corresponde con el sistema de acceso mediante usuario y contraseña, reforzado con claves de un solo uso por SMS, a los servicios de Seguridad Social. Este sistema será además el que permitirá el acceso al ciudadano a la firma en la nube.

Firma

La firma electrónica es el conjunto de datos, en forma electrónica, consignados junto a otros o asociados con ellos que pueden ser utilizados como medio de identificación del firmante. Es una cadena de caracteres, generada mediante un algoritmo matemático, que se obtiene utilizando como variables la clave privada y la huella digital del texto a firmar de forma que permite asegurar la identidad del firmante y la integridad del mensaje.

Es la firma electrónica que permite identificar al firmante y cualquier cambio ulterior de los datos firmados, que está vinculada al firmante de manera única y a los datos a que se refiere y que ha sido creada por medios que el firmante puede mantener bajo su exclusivo control.

Las garantías que ofrece la firma electrónica incorporada en el nuevo DNI-e son:

1. Autentificación: Identifica al usuario que ha enviado el mensaje.
2. Integridad: Garantiza que no se ha alterado el mensaje.
3. No repudio: Nadie excepto el emisor podría haber firmado el documento.

La tarjeta del DNIe es considerada un dispositivo seguro de creación de firma, pues cumple con los perfiles de calidad y la normativa europea exigibles a dichos dispositivos.

Se distingue entre "firma electrónica avanzada" y "firma electrónica reconocida":

- **Firma electrónica:** es el conjunto de datos en forma electrónica, consignados junto a otros o asociados con ellos, que pueden ser utilizados como medio de identificación del firmante.
- **Firma electrónica avanzada:** es la firma electrónica que permite identificar al firmante y detectar cualquier cambio ulterior de los datos firmados, que está vinculada al firmante de manera única y a los datos a que se refiere y que ha sido creada por medios que el firmante puede mantener bajo su exclusivo control.
- **Firma electrónica reconocida:** es la firma electrónica avanzada basada en un certificado reconocido y generada mediante un dispositivo seguro de creación de firma.

La firma electrónica reconocida tendrá respecto de los datos consignados en forma electrónica el mismo valor que la firma manuscrita en relación con los consignados en papel.

Firmaelectrónica.gob.es, contiene cuestiones de interés para la firma de los ciudadanos, la firma de las y la firma de los Empleados públicos.

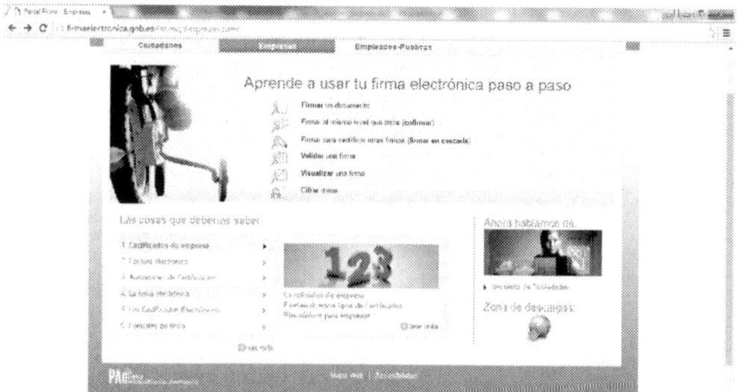

Art. 13.h) A la protección de datos de carácter personal, y en particular a la seguridad y confidencialidad de los datos que figuren en los ficheros, sistemas y aplicaciones de las Administraciones Públicas.

La Ley limita el uso de la informática para garantizar el honor y la intimidad personal y familiar de los ciudadanos y el pleno ejercicio de sus derechos constitucionales.

Las Administraciones deben por tanto respetar dicho derecho en las actuaciones y procedimientos de la Administración electrónica.

El desarrollo de este derecho se encuentra en la Ley de Protección de Carácter personal LO 15/1999[8] y su reglamento RD 1720/2007.

---

8 Art. 5 Derecho de información en la recogida de datos

Los interesados a los que se soliciten datos personales deberán ser previamente informados de modo expreso, preciso e inequívoco:

a) De la existencia de un fichero o tratamiento de datos de carácter personal, de la finalidad de la recogida de éstos y de los destinatarios de la información.

b) Del carácter obligatorio o facultativo de su respuesta a las preguntas que les sean planteadas.

c) De las consecuencias de la obtención de los datos o de la negativa a suministrarlos.

d) De la posibilidad de ejercitar los derechos de acceso, rectificación, cancelación y oposición.

e) De la identidad y dirección del responsable del tratamiento o, en su caso, de su representante.

Cuando el responsable del tratamiento no esté establecido en el territorio de la Unión Europea y utilice en el tratamiento de datos medios situados en territorio español, deberá designar, salvo que tales medios se utilicen con fines de trámite, un representante en España, sin perjuicio de las acciones que pudieran emprenderse contra el propio responsable del tratamiento.

Cuando se utilicen cuestionarios u otros impresos para la recogida, figurarán en los mismos, en forma claramente legible, las advertencias a que se refiere el apartado anterior.

No será necesaria la información a que se refieren las letras b), c) y d) del apartado 1 si el contenido de ella se deduce claramente de la naturaleza de los datos personales que se solicitan o de las circunstancias en que se recaban.

Cuando los datos de carácter personal no hayan sido recabados del interesado, éste deberá ser informado de forma expresa, precisa e inequívoca, por el responsable del fichero o su representante, dentro de los tres meses siguientes al momento del registro de los datos, salvo que ya hubiera sido informado con anterioridad, del contenido del tratamiento, de la procedencia de los datos, así como de lo previsto en las letras a), d) y e) del apartado 1 del presente artículo.

No será de aplicación lo dispuesto en el apartado anterior, cuando expresamente una ley lo prevea, cuando el tratamiento tenga fines históricos estadísticos o científicos, o cuando la información al interesado resulte imposible o exija esfuerzos desproporcionados, a criterio de la Agencia de Protección de Datos o del organismo autonómico equivalente, en consideración al número de interesados, a la antigüedad de los datos y a las posibles medidas compensatorias.

Asimismo, tampoco regirá lo dispuesto en el apartado anterior cuando los datos procedan de fuentes accesibles al público y se destinen a la actividad de publicidad o prospección comercial, en cuyo caso, en cada comunicación que se dirija al interesado se le informará del origen de los datos y de la identidad del responsable del tratamiento así como de los derechos que le asisten.

Artículo 15 Derecho de acceso

El interesado tendrá derecho a solicitar y obtener gratuitamente información de sus datos de carácter personal sometidos a tratamiento, el origen de dichos datos, así como las comunicaciones realizadas o que se prevén hacer de los mismos.

La información podrá obtenerse mediante la mera consulta de los datos por medio de su visualización, o la indicación de los datos que son objeto de tratamiento mediante escrito, copia, telecopia o fotocopia, certificada o no, en forma legible e inteligible, sin utilizar claves o códigos que requieran el uso de dispositivos mecánicos específicos.

El derecho de acceso a que se refiere este artículo sólo podrá ser ejercitado a intervalos no inferiores a doce meses, salvo que el interesado acredite un interés legítimo al efecto, en cuyo caso podrán ejercitarlo antes.

Artículo 16 Derecho de rectificación y cancelación

El responsable del tratamiento tendrá la obligación de hacer efectivo el derecho de rectificación o cancelación del interesado en el plazo de diez días.

Serán rectificados o cancelados, en su caso, los datos de carácter personal cuyo tratamiento no se ajuste a lo dispuesto en la presente Ley y, en particular, cuando tales datos resulten inexactos o incompletos.

La cancelación dará lugar al bloqueo de los datos, conservándose únicamente a disposición de las Administraciones públicas, Jueces y Tribunales, para la atención de las posibles responsabilidades nacidas del tratamiento, durante el plazo de prescripción de éstas. Cumplido el citado plazo deberá procederse a la supresión.

Si los datos rectificados o cancelados hubieran sido comunicados previamente, el responsable del tratamiento deberá notificar la rectificación o cancelación efectuada a quien se hayan comunicado, en el caso de que se mantenga el tratamiento por este último, que deberá también proceder a la cancelación.

Los datos de carácter personal deberán ser conservados durante los plazos previstos en las disposiciones aplicables o, en su caso, en las relacio-

> **Art. 13. i)** Cualesquiera otros que les reconozcan la Constitución y las leyes.

Este derecho se recogía ya en el artículo 35 k de la Ley 30/92 y se repite literalmente en el Art. 53 i) de la Ley 39/2015. Los actos administrativos que vulneren los derechos y libertades fundamentales susceptibles de amparo constitucional[9], son NULOS DE PLENO DERECHO conforme al art. 47.1 de la Ley 39/2015.

4. DESARROLLO DE LOS DERECHOS DE LOS INTERESADOS (Art. 53 Ley 39/2015)

Además del resto de derechos previstos en esta Ley, los interesados en un procedimiento administrativo, tienen los siguientes derechos:

> **Art. 53.a)** A conocer, en cualquier momento, el estado de la tramitación de los procedimientos en los que tengan la condición de interesados; el sentido del silencio administrativo que corresponda, en caso de que la Administración no dicte ni notifique resolución expresa en plazo; el órgano competente para su instrucción, en su caso, y resolución; y los actos de trámite dictados. Asimismo, también tendrán derecho a acceder y a obtener copia de los documentos contenidos en los citados procedimientos.

---

nes contractuales entre la persona o entidad responsable del tratamiento y el interesado.

Artículo 17 Procedimiento de oposición, acceso, rectificación o cancelación

Los procedimientos para ejercitar el derecho de oposición, acceso, así como los de rectificación y cancelación serán establecidos reglamentariamente.

No se exigirá contra prestación alguna por el ejercicio de los derechos de oposición, acceso, rectificación o cancelación.

9 **Art. 53.2 CE** Cualquier ciudadano podrá recabar la tutela de las libertades y derechos reconocidos en el artículo 14 y la Sección primera del Capítulo segundo (Art. 15 a 29) ante los Tribunales ordinarios por un procedimiento basado en los principios de preferencia y sumariedad y, en su caso, a través del recurso de amparo ante el Tribunal Constitucional. Este último recurso será aplicable a la objeción de conciencia reconocida en el artículo 30.

> Quienes se relacionen con las Administraciones Públicas a través de medios electrónicos, tendrán derecho a consultar la información a la que se refiere el párrafo anterior, en el **Punto de Acceso General** electrónico de la Administración que funcionará como un portal de acceso. Se entenderá cumplida la obligación de la Administración de facilitar copias de los documentos contenidos en los procedimientos mediante la puesta a disposición de las mismas en el Punto de Acceso General electrónico de la Administración competente o en las sedes electrónicas que correspondan.

Los ciudadanos tienen derecho a conocer, en cualquier momento, el estado de la tramitación de los procedimientos en los que tengan la condición de interesados, compartir al mismo nivel que la Administración, (procedimiento contradictorio) la información, documentación, y todos los actos de trámite y resolución o resoluciones dictadas, garantizando así el derecho a formular alegaciones, presentar documentos de su interés como manifestación del derecho defensa.

Asimismo, también tendrán derecho a acceder y a obtener copia de los documentos contenidos en los citados procedimientos, la infracción de este derecho puede provocar la nulidad o anulabilidad del acto o actos administrativos.

Quienes se relacionen con las Administraciones Públicas a través de medios electrónicos, tendrán derecho a consultar la información a la que se refiere el párrafo anterior, en el **Punto de Acceso General** electrónico de la Administración que funcionará como un portal de acceso.

Aunque la ley no lo regula expresamente, existe la llamada Carpeta ciudadana, a la que se puede acceder desde el PAG (Punto de Acceso General).

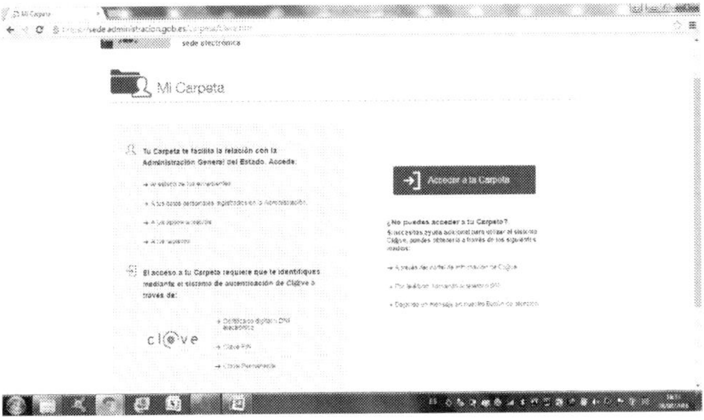

La carpeta es una herramienta útil para hacer efectivo, entre otros, el derecho de los administrados a no presentar documentos en poder de la Administración, se configura como un archivo documental interadministrativo de carácter electrónico, donde los administrados depositan documentos al efecto de utilizarlos en procedimientos administrativos, a disposición de la Administración titular o de otras con las que aquélla celebre el correspondiente convenio de colaboración.

Las personas físicas y jurídicas pueden incorporar voluntariamente a la carpeta los documentos que se les hayan requerido, o que consideren que se les pueda requerir, en los procedimientos que inicien o que puedan iniciar o en los que sean o puedan ser interesados. Toda persona puede solicitar disponer una carpeta documental donde la persona interesada puede añadir la documentación oportuna.

Todos los documentos que se añadan dispondrán de un código seguro de verificación que permita comprobar su integridad mediante el acceso a la sede electrónica de la Administración correspondiente.

Los órganos administrativos podrán incorporar resoluciones o informes, el interesado ha de autorizar al responsable de la custodia del archivo donde se encuentra la carpeta para que las Administraciones que hayan suscrito el convenio de colaboración correspondiente con la Administración gestora puedan acceder a los documentos que constan en la carpeta para poder tramitar los procedimientos de que se trate.

Art. 53.b) A identificar a las autoridades y al personal al servicio de las Administraciones Públicas bajo cuya responsabilidad se tramiten los procedimientos.

Este derecho incluye:

- La **identificación completa** del funcionario (autoridad o autoridades) o personal que dicte la resolución o liquidación que ponga término al procedimiento administrativo.
- Al tramitador del expediente.
- Cualquier empleado o funcionario que entre en contacto por cualquier medio.

Es importante este derecho en relación con el deber del funcionario de abstenerse en caso de conflicto de intereses o recusación.

Cuando se ejerce este derecho de identificar al funcionario, normalmente hay vulneración del derecho recibir orientación, falta de ayuda a la hora de ejercer los derechos, reenvíos incorrectos a otras sedes administrativas o a no ser tratados con respeto. Normalmente en esta situación hay tensión entre administrado y funcionario existiendo resistencia a facilitar los datos de identificación, y proponiendo una queja o hacer uso del libro de reclamaciones.

A veces es el propio funcionario o personal al servicios de la Administración que por motivos diferentes a los del interesado (laborales, sindicales, falta de medios...) invita al ciudadano o profesional a interponer una queja.

Libro de quejas/ carta de servicios

Los órganos y organismos de la Administración han de determinar la unidad responsable de la gestión de las **quejas y sugerencias** con objeto de recoger y tramitar tanto las quejas como las sugerencias de mejora.

La formulación de la queja, debe ser facilitados y estar visible, para su presentación normalmente por escrito ante el propio órgano o por **correo postal** y por **medios telemáticos**.

Recibida la queja o sugerencia, la unidad debe informar al interesado de las actuaciones realizadas en el plazo de 20 días hábiles, sin que el transcurso de este plazo pueda suspenderse en el caso de que deba requerirse al interesado para que, en un plazo de 10 días hábiles, formule las **aclaraciones** necesarias para la correcta tramitación de la queja o sugerencia

Si, transcurrido el plazo establecido, no hubiera obtenido ninguna respuesta de la Administración, (muy habitual) el ciudadano podrá dirigirse a la Inspección General de Servicios del departamento correspondiente para conocer los motivos de la falta de **contestación** (normalmente el interesado ya desiste de su queja o no hace seguimiento).

En cuanto a la identificación de los funcionarios:

Los titulares de los órganos administrativos deben proponer, para las relaciones entre los ciudadanos y los empleados públicos, los **formatos de identificación** concretos, teniendo en cuenta los formatos del sistema de identificación común[10].

---

10 **Distintivo personal**

En recepciones o información se debe implantar un distintivo personal. Éste debe ir prendido en la ropa del empleado y su rotulación ha de reflejar el nombre, apellidos y la función pública, que se puedan leer a distancia.

Rótulo de despacho individual.

Debe figurar la denominación del cargo o puesto de trabajo, además del nombre y apellidos del empleado público correspondiente.

Tarjeta de identificación

A los efectos de identificación en el **exterior del espacio administrativo,** estando el empleado público en el desempeño de su función, podrá acreditarse con su carnet profesional o la tarjeta de control del departamento u organismo, siempre que incluya fotografía y las denominaciones de dicho departamento u organismo, el nombre y apellidos, el número del documento nacional de identidad y el puesto de trabajo.

Identificación telefónica

A efectos de identificación, para diferenciar la relación telefónica en función de la iniciativa del contacto, cabe distinguir dos supuestos:

Art. 53.c) A no presentar documentos originales salvo que, de manera excepcional, la normativa reguladora aplicable establezca lo contrario. En caso de que, excepcionalmente, deban presentar un documento original, tendrán derecho a obtener una copia autenticada de éste.

El registro electrónico de cada Administración u Organismo garantizará la constancia, en cada asiento que se practique, de un número, epígrafe expresivo de su naturaleza, fecha y hora de su presentación, identificación del interesado, órgano administrativo remitente, si procede, y persona u órgano administrativo al que se envía, y, en su caso, referencia al contenido del documento que se registra. Para ello, se emitirá automáticamente un recibo consistente en una copia autenticada del documento de que se trate, incluyendo la fecha y hora de presentación y el número de entrada de registro, así como un recibo acreditativo de otros documentos que, en su caso, lo acompañen, que garantice la integridad y el no repudio de los mismos.

Se reconoce el derecho a obtener **copia sellada** (recibo de presentación) de los documentos que se presenten, aportándola junto con los originales, así como a la **devolución** de éstos, salvo cuando los originales deban obrar en el procedimiento.

Llamada saliente: La identificación se realiza en el momento de iniciar la conversación, indicando, de forma sucinta y claramente comprensible, la denominación de la unidad, el nombre y apellidos y el objeto de la llamada.

Llamada entrante: Cuándo el empleado **recibe la comunicación exterior,** la identificación se realiza tras descolgar el teléfono, indicando de forma breve e inteligible la denominación de la unidad. Sólo se debe facilitar la identidad del empleado público si el ciudadano se interesa o si se prevé continuidad en la relación.

Administración electrónica y respuesta automática

Dentro del campo de las actuaciones de la Administración electrónica y, especialmente, en aquellos supuestos de actuación administrativa automatizada hay que tener presente que la identificación del órgano y la autenticación del ejercicio de la competencia se efectúan por medio de sistemas que garanticen suficientemente una y otra. Principalmente el **sello electrónico** y el **código seguro de verificación**.

Art 16.3. Recibo de presentación Y art 66.3 ley 39/2015

De las solicitudes, comunicaciones y escritos que presenten los interesados electrónicamente o en las oficinas de asistencia en materia de registros de la Administración, podrán éstos exigir el correspondiente recibo que acredite la fecha y hora de presentación.

Cuando se estime conveniente para facilitar a los ciudadanos la aportación de los datos e informaciones requeridos o para simplificar la tramitación del correspondiente procedimiento, el órgano competente para su instrucción o resolución puede establecer **modelos normalizados** de solicitud.

Las Administraciones Públicas deberán establecer modelos y sistemas de presentación masiva que permitan a los interesados presentar simultáneamente varias solicitudes. Estos modelos, de uso voluntario, estarán a disposición de los interesados en las correspondientes sedes electrónicas y en las oficinas de asistencia en materia de registros de las Administraciones Públicas.

Los solicitantes podrán acompañar los elementos que estimen convenientes para precisar o completar los datos del modelo, los cuales deberán ser admitidos y tenidos en cuenta por el órgano al que se dirijan.

Los sistemas normalizados de solicitud podrán incluir comprobaciones automáticas de la información aportada respecto de datos almacenados en sistemas propios o pertenecientes a otras Administraciones u ofrecer el formulario cumplimentado, en todo o en parte, con objeto de que el interesado verifique la información y, en su caso, la modifique y complete.

Cuando la Administración en un procedimiento concreto establezca expresamente modelos específicos de presentación de solicitudes, éstos serán de uso obligatorio por los interesados.

> *Art. 16.3.* En caso de que, excepcionalmente, deban presentar un documento original, tendrán derecho a obtener una copia autenticada de éste.

Los administrados pueden, en cualquier momento, solicitar la expedición de copias auténticas de los documentos públicos administrativos que hayan sido válidamente **emitidos por los órganos de la Administración** General del Estado y por los organismos públicos vinculados o dependientes de ella.

Estas copias auténticas tienen la misma **validez y eficacia** que éstos, produciendo idénticos efectos frente a las Administraciones públicas y los interesados.

La copia auténtica puede consistir en la **transcripción íntegra** del contenido del documento original o en una **copia** realizada por cualesquiera medios informáticos, electrónicos o telemáticos. En ambos casos debe figurar la acreditación de la autenticidad de la copia identificando el órgano, archivo y organismo que la expide y la persona responsable de tal expedición.

> **Art. 53.d)** A no presentar datos y documentos no exigidos por las normas aplicables al procedimiento de que se trate, que ya se encuentren en poder de las Administraciones Públicas o que hayan sido elaborados por éstas.

Asimismo, el **derecho a no presentar** documentos no exigidos por las normas aplicables al procedimiento de que se trate o que ya se encuentren en poder de la Administración actuante o en poder de la Administración actuante o en poder de cualquiera, tramite o no el procedimiento o actuación, si se actúa telemáticamente.

Aquí entra de nuevo la Carpeta Ciudadana que permite autorizar a la Administración implicada a acceder y obtener la documentación necesaria.

Este derecho también se articula por parte de las Administración a través del SIR, así como el intercambio administrativo de información de tal forma que las administraciones implicadas recopilan la información necesaria y la aportan a nuestra solicitud.

Sistema de Interconexión de Registros (SIR)

SIR Es la infraestructura básica que permite el intercambio de asientos electrónicos de registro entre las AAPP.

Su implantación permite eliminar el tránsito de papel entre administraciones, aumentando la eficiencia y eliminando los costes de manipulación y remisión del papel, gracias a la generación de copias auténticas electrónicas de la documentación presentada en los asientos de registro.

Art. 53.e) A formular alegaciones, utilizar los medios de defensa admitidos por el Ordenamiento Jurídico, y a aportar documentos en cualquier fase del procedimiento anterior al trámite de audiencia, que deberán ser tenidos en cuenta por el órgano competente al redactar la propuesta de resolución.

Se trata de uno de los derechos de los ciudadanos en sus relaciones con las Administraciones públicas, referido al derecho a formular alegaciones y a aportar documentos en cualquier fase del procedimiento anterior al trámite de audiencia que deben ser tenidos en cuenta por el órgano competente al redactar la propuesta de resolución.

La presentación de alegaciones y documentos antes del trámite de audiencia, obliga a valorar por parte la Administración la nueva documentación o argumentos de no hacerlo la resolución administrativa podría ser incongruente y por tanto contraria al derecho a obtener una resolución fundada en derecho y ser el motivo para pedir la nulidad del acto.

Art. 53.f) A obtener información y orientación acerca de los requisitos jurídicos o técnicos que las disposiciones vigentes impongan a los proyectos, actuaciones o solicitudes que se propongan realizar.

Art. 53.g) A actuar asistidos de asesor cuando lo consideren conveniente en defensa de sus intereses.

Art. 53.h) A cumplir las obligaciones de pago a través de los medios electrónicos previstos en el artículo 98.2.

Art. 53.i) Cualesquiera otros que les reconozcan la Constitución y las leyes.

2. Además de los derechos previstos en el apartado anterior, en el caso de procedimientos administrativos de naturaleza sancionadora, los presuntos responsables tendrán los siguientes derechos:

a) A ser notificado de los hechos que se le imputen, de las infracciones que tales hechos puedan constituir y de las sanciones que, en su caso, se les pudieran imponer, así como de la identidad del instructor, de la autoridad competente para imponer la sanción y de la norma que atribuya tal competencia.

b) A la presunción de no existencia de responsabilidad administrativa mientras no se demuestre lo contrario.

Principios de la potestad sancionadora (LEY 40/2015)

Artículo 25 Principio de legalidad **(LEY 40/2015)**

1. La potestad sancionadora de las Administraciones Públicas se ejercerá cuando haya sido expresamente reconocida por una norma con rango de Ley, con aplicación del procedimiento previsto para su ejercicio y de acuerdo con lo establecido en esta Ley y en la **Ley de Procedimiento Administrativo Común de las Administraciones Públicas** y, cuando se trate de Entidades Locales, de conformidad con lo dispuesto en el Título XI de la **Ley 7/1985, de 2 de abril**.
2. El ejercicio de la potestad sancionadora corresponde a los órganos administrativos que la tengan expresamente atribuida, por disposición de rango legal o reglamentario.

3. Las disposiciones de este Capítulo serán extensivas al ejercicio por las Administraciones Públicas de su potestad disciplinaria respecto del personal a su servicio, cualquiera que sea la naturaleza jurídica de la relación de empleo.
4. Las disposiciones de este capítulo no serán de aplicación al ejercicio por las Administraciones Públicas de la potestad sancionadora respecto de quienes estén vinculados a ellas por relaciones reguladas por la legislación de contratos del sector público o por la legislación patrimonial de las Administraciones Públicas.

Artículo 26 Irretroactividad **(LEY 40/2015)**

1. Serán de aplicación las disposiciones sancionadoras vigentes en el momento de producirse los hechos que constituyan infracción administrativa.
2. Las disposiciones sancionadoras producirán efecto retroactivo en cuanto favorezcan al presunto infractor o al infractor, tanto en lo referido a la tipificación de la infracción como a la sanción y a sus plazos de prescripción, incluso respecto de las sanciones pendientes de cumplimiento al entrar en vigor la nueva disposición.

Artículo 27 Principio de tipicidad **(LEY 40/2015)**

Sólo constituyen infracciones administrativas las vulneraciones del ordenamiento jurídico previstas como tales infracciones por una Ley, sin perjuicio de lo dispuesto para la Administración Local en el Título XI de la **Ley 7/1985, de 2 de abril**.

Las infracciones administrativas se clasificarán por la Ley en leves, graves y muy graves.

2. Únicamente por la comisión de infracciones administrativas podrán imponerse sanciones que, en todo caso, estarán delimitadas por la Ley.
3. Las disposiciones reglamentarias de desarrollo podrán introducir especificaciones o graduaciones al cuadro de las infracciones o sanciones establecidas legalmente que, sin constituir nuevas infracciones o sanciones, ni alterar la naturaleza o límites de las que la Ley contempla, contribuyan a la más correcta identificación de las conductas o a la más precisa determinación de las sanciones correspondientes.
4. Las normas definidoras de infracciones y sanciones no serán susceptibles de aplicación analógica.

Artículo 28 Responsabilidad **(LEY 40/2015)**

1. Sólo podrán ser sancionadas por hechos constitutivos de infracción administrativa las personas físicas y jurídicas, así como, cuando una Ley les reconozca capacidad de obrar, los grupos de afectados, las uniones y entidades sin personalidad jurídica y los patrimonios independientes o autónomos, que resulten responsables de los mismos a título de dolo o culpa.
2. Las responsabilidades administrativas que se deriven de la comisión de una infracción serán compatibles con la exigencia al infractor de la reposición de la situación alterada por el mismo a su estado originario, así como con la indemnización por los daños y perjuicios causados, que será determinada y exigida por el órgano al que corresponda el ejercicio de la potestad sancionadora. De no satisfacerse la

indemnización en el plazo que al efecto se determine en función de su cuantía, se procederá en la forma prevista en el artículo 101 de la **Ley del Procedimiento Administrativo Común de las Administraciones Públicas**.

3. Cuando el cumplimiento de una obligación establecida por una norma con rango de Ley corresponda a varias personas conjuntamente, responderán de forma solidaria de las infracciones que, en su caso, se cometan y de las sanciones que se impongan. No obstante, cuando la sanción sea pecuniaria y sea posible se individualizará en la resolución en función del grado de participación de cada responsable.

4. Las leyes reguladoras de los distintos regímenes sancionadores podrán tipificar como infracción el incumplimiento de la obligación de prevenir la comisión de infracciones administrativas por quienes se hallen sujetos a una relación de dependencia o vinculación. Asimismo, podrán prever los supuestos en que determinadas personas responderán del pago de las sanciones pecuniarias impuestas a quienes de ellas dependan o estén vinculadas.

***Artículo 29 Principio de proporcionalidad* (LEY 40/2015)**

1. Las sanciones administrativas, sean o no de naturaleza pecuniaria, en ningún caso podrán implicar, directa o subsidiariamente, privación de libertad.

2. El establecimiento de sanciones pecuniarias deberá prever que la comisión de las infracciones tipificadas no resulte más beneficioso para el infractor que el cumplimiento de las normas infringidas.

3. En la determinación normativa del régimen sancionador, así como en la imposición de sanciones por las Administraciones Públicas se deberá observar la debida idoneidad y necesidad de la sanción a imponer y su adecuación a la gravedad del hecho constitutivo de la infracción. La graduación de la sanción considerará especialmente los siguientes criterios:

- **a)** El grado de culpabilidad o la existencia de intencionalidad.
- **b)** La continuidad o persistencia en la conducta infractora.
- **c)** La naturaleza de los perjuicios causados.
- **d)** La reincidencia, por comisión en el término de un año de más de una infracción de la misma naturaleza cuando así haya sido declarado por resolución firme en vía administrativa.

4. Cuando lo justifique la debida adecuación entre la sanción que deba aplicarse con la gravedad del hecho constitutivo de la infracción y las circunstancias concurrentes, el órgano competente para resolver podrá imponer la sanción en el grado inferior.

5. Cuando de la comisión de una infracción derive necesariamente la comisión de otra u otras, se deberá imponer únicamente la sanción correspondiente a la infracción más grave cometida.

6. Será sancionable, como infracción continuada, la realización de una pluralidad de acciones u omisiones que infrinjan el mismo o semejantes preceptos administrativos, en ejecución de un plan preconcebido o aprovechando idéntica ocasión.

***Artículo 30 Prescripción* (LEY 40/2015)**

1. Las infracciones y sanciones prescribirán según lo dispuesto en las leyes que las establezcan. Si éstas no fijan plazos de prescripción, las infracciones muy graves prescribirán a los tres años, las graves a los dos años y las leves a los seis meses; las sanciones impuestas por faltas muy graves prescribirán a los tres años, las impuestas por faltas graves a los dos años y las impuestas por faltas leves al año.
2. El plazo de prescripción de las infracciones comenzará a contarse desde el día en que la infracción se hubiera cometido. En el caso de infracciones continuadas o permanentes, el plazo comenzará a correr desde que finalizó la conducta infractora.

   Interrumpirá la prescripción la iniciación, con conocimiento del interesado, de un procedimiento administrativo de naturaleza sancionadora, reiniciándose el plazo de prescripción si el expediente sancionador estuviera paralizado durante más de un mes por causa no imputable al presunto responsable.
3. El plazo de prescripción de las sanciones comenzará a contarse desde el día siguiente a aquel en que sea ejecutable la resolución por la que se impone la sanción o haya transcurrido el plazo para recurrirla.

   Interrumpirá la prescripción la iniciación, con conocimiento del interesado, del procedimiento de ejecución, volviendo a transcurrir el plazo si aquél está paralizado durante más de un mes por causa no imputable al infractor.

   En el caso de desestimación presunta del recurso de alzada interpuesto contra la resolución por la que se impone la sanción, el plazo de prescripción de la sanción comenzará a contarse desde el día siguiente a aquel en que finalice el plazo legalmente previsto para la resolución de dicho recurso.

***Artículo 31 Concurrencia de sanciones* (LEY 40/2015)**

1. No podrán sancionarse los hechos que lo hayan sido penal o administrativamente, en los casos en que se aprecie identidad del sujeto, hecho y fundamento.
2. Cuando un órgano de la Unión Europea hubiera impuesto una sanción por los mismos hechos, y siempre que no concurra la identidad de sujeto y fundamento, el órgano competente para resolver deberá tenerla en cuenta a efectos de graduar la que, en su caso, deba imponer, pudiendo minorarla, sin perjuicio de declarar la comisión de la infracción.

Capítulo 3
REGLAS GENERALES DEL PROCEDIMIENTO ADMINISTRATIVO

SUMARIO

1. SUJETOS: INTERESADOS Y ADMINISTRACIONES

1.1. Capacidad de obrar e interesados

Capacidad de Obrar (Art. 3)

— Tienen capacidad de obrar, las personas físicas o jurídicas que las tengan civilmente.
— Los menores de edad para el ejercicio y defensa de aquellos de sus derechos e intereses cuya actuación este permitida por el ordenamiento jurídico sin la asistencia de la persona que ejerza la propia potestad, tutela o curatela.
— Grupos de afectados, las uniones y entidades sin personalidad jurídica y los patrimonios independientes o autónomos.

1.2. Los interesados en el procedimiento administrativo

Los ciudadanos pueden colaborar con la Administración con su prestación personal, dando servicio como contratista o con su patrimonio (pago impuestos) para el desarrollo de la actividad de una o varias Administración, otras veces ese mismo ciudadano será usuario de los servicios que presta un Administración (Servicios sanitarios, subvenciones, obtención de reconocimiento de derechos, prestaciones etc.).

Hablaremos así de “el contribuyente”, “el expropiado”,” el contratista de obra pública”, “el concesionario” en función de la posición que adoptemos respecto de la Administración.

Desde el punto de vista procedimental será el interesado todos los que intervienen en él, por afectarles directa o indirectamente la decisión que se puede adoptar.

En todo procedimiento Administrativo siempre aparece al menos una Administración, al lado o frente a ella pueden aparecer otras personas públicas o privadas que serán los interesados.

En el plano bilateral siempre habrá una administración y un interesado. Otras veces puede haber una procedimiento triangular, donde la administración aparece en una posición superior entre dos administrados.

Tipos de interesados:

Interesado principal

Es el que inicia el procedimiento (solicitud, petición, declaración responsable, reclamación) o frente quien se inicia una reclamación (inicio procedimiento sancionador, inspección, expropiación).

Interesado accesorio

Son los titulares de derechos e intereses que pueden resultar afectados por la decisión.

La LPAC regula los diferentes tipos de **interesados** en su artículo 4 y les atribuye los derechos de los interesados regulados en el Art. 53 de la misma ley. El Art. 13 de la Ley 39/2015 establece los derechos de las personas en su relación con las Administraciones Públicas, es decir sin llegar a estar personados en un procedimiento o ver afectados sus intereses directa o indirectamente.

Se consideran interesados en el procedimiento administrativo:

a) *Quienes lo promuevan como titulares de derechos o intereses legítimos individuales o colectivos.*

b) *Los que, sin haber iniciado el procedimiento, tengan derechos que puedan resultar afectados por la decisión que en el mismo se adopte.*

c) *Aquellos cuyos intereses legítimos, individuales o colectivos, puedan resultar afectados por la resolución y se personen en el procedimiento en tanto no haya recaído resolución definitiva.*

Las asociaciones y organizaciones representativas de intereses económicos y sociales serán titulares de intereses legítimos colectivos en los términos que la Ley reconozca.

Cuando la condición de interesado derivase de alguna relación jurídica transmisible, el derecho-habiente sucederá en tal condición cualquiera que sea el estado del procedimiento.

1.2.1. ***Pluralidad de interesados***

Cuando en una solicitud, escrito o comunicación figuren varios interesados, las actuaciones a que den lugar se efectuarán con el representante o el interesado que expresamente hayan señalado, y, en su defecto, con el que figure en primer término.

1.2.2. ***Nuevos interesados***

Si durante la instrucción de un procedimiento que no haya tenido publicidad, se advierte la existencia de personas que sean titulares de derechos o intereses legítimos y directos cuya identificación resulte del expediente y que puedan resultar afectados por la resolución que se dicte, se comunicará a dichas personas la tramitación del procedimiento.

1.3. Administraciones

En el procedimiento Administrativo al menos, una de las partes debe tener la consideración de Administración Pública.

El crecimiento de las Administraciones Pública en España es desorbitado, en proporción al crecimiento de la Población española.

Distinguimos (Art. 1 Ley 40/2015)

a) La Administración General del Estado.

b) Las Administraciones de las Comunidades Autónomas.

c) Las Entidades que integran la Administración Local.

d) El sector público institucional.

   a) Cualesquiera organismos públicos y entidades de derecho público vinculados o dependientes de las Administraciones Públicas.

   b) Las entidades de derecho privado vinculadas o dependientes de las Administraciones Públicas que quedarán sujetas a lo dispuesto en las normas de esta Ley que específicamente se refieran a las mismas, en particular a los principios previstos en el artículo 3, y en todo caso, cuando ejerzan potestades administrativas.

   c) Las Universidades públicas que se regirán por su normativa específica y suplctoriamente por las previsiones de la presente Ley.

Administración General de Estado. Antigua Administración Central, y que hoy aparece en las resoluciones y en la imagen corporativa como "Gobierno de España".

GOBIERNO DE ESPAÑA | MINISTERIO DE INDUSTRIA, ENERGÍA Y TURISMO

Esquema Organización
Administración General del Estado (A.G.E.)

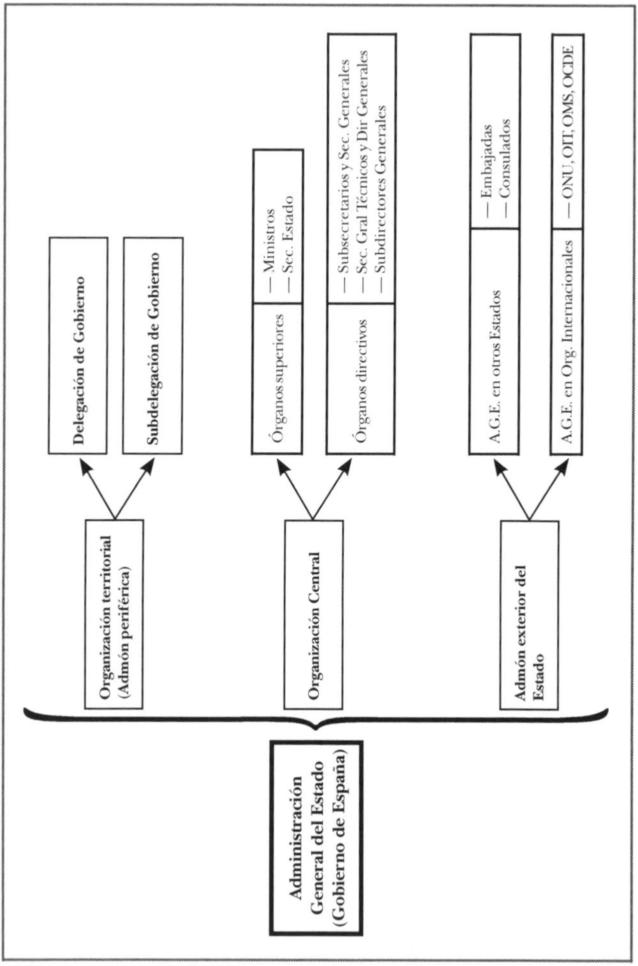

2. REPRESENTACIÓN

Los interesados con capacidad de obrar podrán actuar por medio de representante, entendiéndose con éste las actuaciones administrativas, salvo manifestación expresa en contra del interesado.

Las personas físicas con capacidad de obrar y las personas jurídicas, siempre que ello esté previsto en sus Estatutos, podrán actuar en representación de otras ante las Administraciones Públicas.

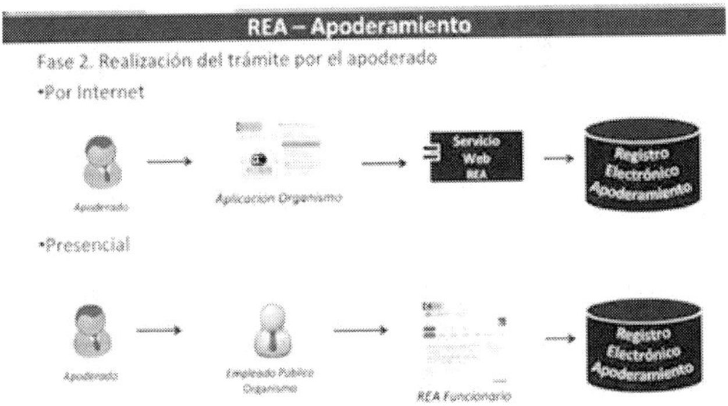

Será necesario poder (acreditar la representación)

1º formular solicitudes,

2º presentar declaraciones responsables,

3º comunicaciones,

4º interponer recursos,

5º desistir de acciones,

6º renunciar a derechos en nombre de otra persona.

Se presume representación:

1º Para los actos y gestiones de mero trámite.

La falta o insuficiente acreditación de la representación no impedirá que se tenga por realizado el acto de que se trate, **siempre que se aporte aquélla o se subsane el defecto dentro del plazo de diez días** que deberá conceder al efecto el órgano administrativo, o de un plazo superior cuando las circunstancias del caso así lo requieran.

2.1. *Formas de acreditar la representación*

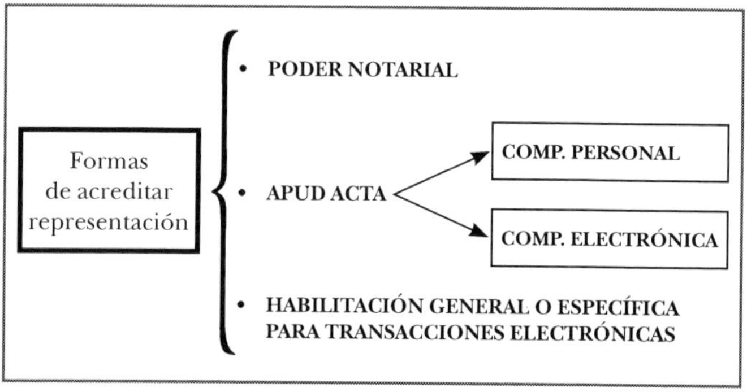

A estos efectos, se entenderá acreditada la representación realizada mediante apoderamiento apud acta efectuado por comparecencia personal o comparecencia electrónica en la correspondiente sede electrónica, o a través de la acreditación de su inscripción en el registro electrónico de apoderamientos de la Administración Pública competente.

Las Administraciones Públicas podrán habilitar con carácter general o específico a personas físicas o jurídicas autorizadas para la realización de determinadas transacciones electrónicas en representación de los interesados. Dicha habilitación deberá especificar las condiciones y obligaciones a las que se comprometen los que así adquieran la condición de representantes, y determinará la presunción de validez de la representación salvo que la normativa de aplicación prevea otra cosa. Las Administraciones Públicas podrán requerir, en cualquier momento, la acreditación de dicha representación. No obstante, siempre podrá comparecer el interesado por sí mismo en el procedimiento.

2.2. Registro Electrónico de Apoderamientos. REA[11]

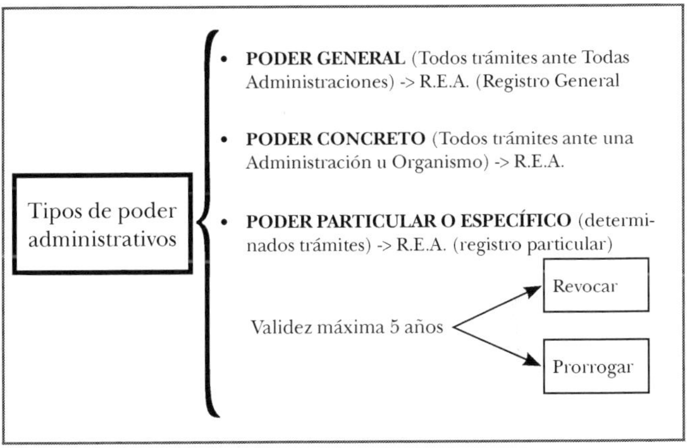

11 Los poderes que se inscriban en los registros electrónicos generales y particulares de apoderamientos deberán corresponder a alguna de las siguientes tipologías:

a) Un poder general para que el apoderado pueda actuar en nombre del poderdante en cualquier actuación administrativa y ante cualquier Administración.

b) Un poder para que el apoderado pueda actuar en nombre del poderdante en cualquier actuación administrativa ante una Administración u Organismo concreto.

c) Un poder para que el apoderado pueda actuar en nombre del poderdante únicamente para la realización de determinados trámites especificados en el poder.

A tales efectos, por Orden del Ministro de Hacienda y Administraciones Públicas se aprobarán, con carácter básico, los modelos de poderes inscribibles en el registro distinguiendo si permiten la actuación ante todas las Administraciones de acuerdo con lo previsto en la letra a) anterior, ante la Administración General del Estado o ante las Entidades Locales.

Cada Comunidad Autónoma aprobará los modelos de poderes inscribibles en el registro cuando se circunscriba a actuaciones ante su respectiva Administración.

Los poderes inscritos en el registro tendrán una validez determinada máxima de cinco años a contar desde la fecha de inscripción. En todo caso, en cualquier momento antes de la finalización de dicho plazo el poderdante podrá revocar o prorrogar el poder. Las prórrogas otorgadas por el poderdante al registro tendrán una validez determinada máxima de cinco años a contar desde la fecha de inscripción.

La Administración General del Estado, las Comunidades Autónomas y las Entidades Locales dispondrán de un registro electrónico general de apoderamientos[12], en el que deberán inscribirse, al menos, los de carácter general otorgados apud acta, presencial o electrónicamente.

En el ámbito estatal, este registro será el Registro Electrónico de Apoderamientos de la Administración General del Estado.

Los registros generales de apoderamientos no impedirán la existencia de registros particulares en cada Organismo donde se inscriban los poderes otorgados para la realización de trámites específicos en el mismo. Cada Organismo podrá disponer de su propio registro electrónico de apoderamientos.

Los registros electrónicos generales y particulares de apoderamientos pertenecientes a todas y cada una de las Administraciones, deberán ser plenamente interoperables entre sí, de modo que se garantice su interconexión, compatibilidad informática, así como la transmisión telemática de las solicitudes, escritos y comunicaciones que se incorporen a los mismos.

Los asientos que se realicen en los registros electrónicos generales y particulares de apoderamientos deberán contener, al menos, la siguiente información:

a) Nombre y apellidos o la denominación o razón social, documento nacional de identidad, número de identificación fiscal o documento equivalente del poderdante.

b) Nombre y apellidos o la denominación o razón social, documento nacional de identidad, número de

12 ***Disposición final séptima*** **Entrada en vigor**
"… las previsiones relativas al registro electrónico de apoderamientos, registro electrónico, registro de empleados públicos habilitados, punto de acceso general electrónico de la Administración y archivo único electrónico producirán efectos a los dos años de la entrada en vigor de la Ley." (2-10-2018)

identificación fiscal o documento equivalente del apoderado.

c) Fecha de inscripción.

d) Período de tiempo por el cual se otorga el poder.

e) Tipo de poder según las facultades que otorgue.

Los registros electrónicos generales y particulares de apoderamientos permitirán comprobar válidamente la representación de quienes actúen ante las Administraciones Públicas en nombre de un tercero, mediante la consulta a otros registros administrativos similares, al registro mercantil, de la propiedad, y a los protocolos notariales.

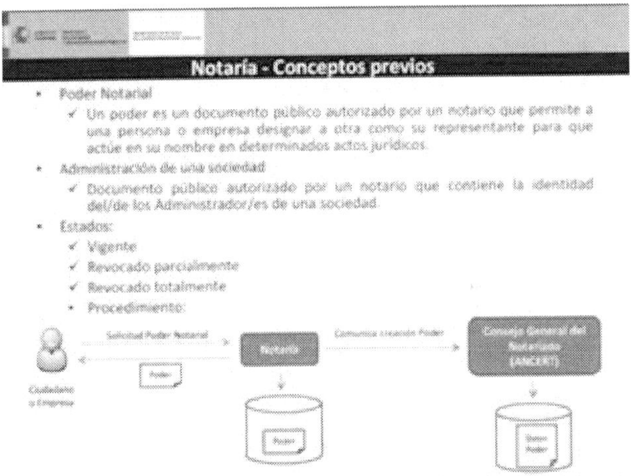

Los registros mercantiles, de la propiedad, y de los protocolos notariales serán interoperables con los registros electrónicos generales y particulares de apoderamientos.

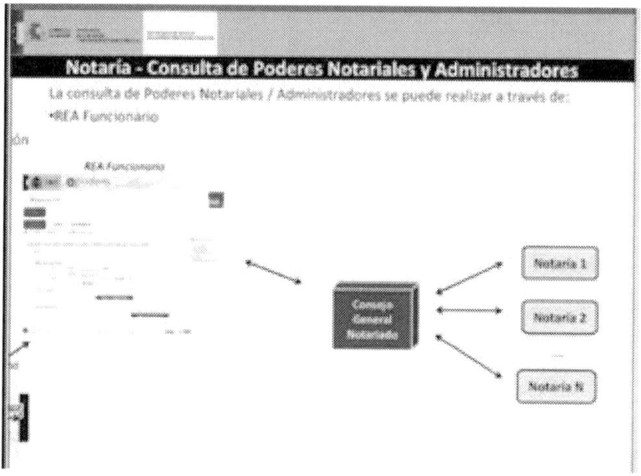

El funcionario podrá consultar poderes notariales, la vigencia de dichos poderes y así como los cargos de un Administrador de una sociedad, pedir copias de dicho poder y sus modificaciones y suscribirse para ser avisado en caso de modificaciones de los registros.

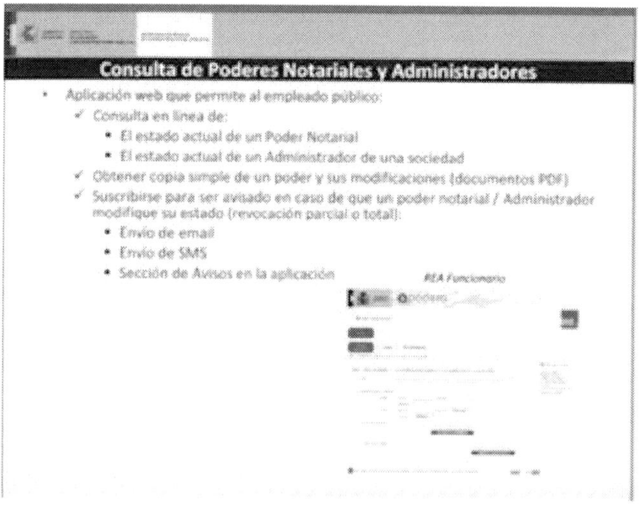

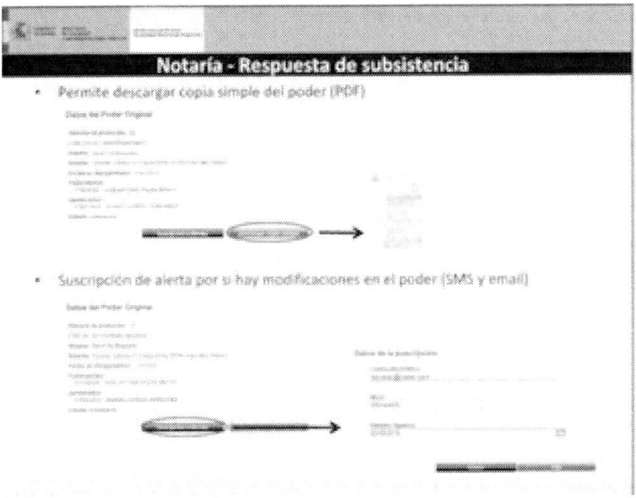

3. INTERACTUAR CON LA ADMINISTRACIÓN: REGISTROS

Al relacionarnos con la Administración, debemos identificar el organismo y dependencia concreta que lleva el asunto que nos interesa.

El aumento de Administraciones, servicios, dependencias, unidades y los cambios constantes de ubicación, división de servicios, horarios, citas previas hace que conocer el lugar exacto y su forma de acceso (citas previas sorpresivas, registro con número y sala de espera en lo que escanean y graban la documentación de los ciudadanos) sea una aventura apasionante.

La Administración electrónica, las sedes Electrónicas, con equivalencia a las sedes físicas y la posibilidad de presentar los escritos, solicitudes, de forma electrónica, recibir notificaciones compensa (al profesional o especialista en dicho procedimiento) con el resto de dificultades que nos encontramos.

Los documentos que los interesados dirijan a los órganos de las Administraciones Públicas podrán presentarse:

a) En el registro electrónico de la Administración[13] u Organismo al que se dirijan, así como en los restantes registros electrónicos establecidas por otras Administraciones.

b) En las oficinas de Correos, en la forma que reglamentariamente se establezca.

c) En las representaciones diplomáticas u oficinas consulares de España en el extranjero.

d) En las oficinas de asistencia en materia de registros.[14]

e) En cualquier otro que establezcan las disposiciones vigentes.

---

13 Cada Administración dispondrá de un Registro Electrónico General, en el que se hará el correspondiente asiento de todo documento que sea presentado o que se reciba en cualquier órgano administrativo, Organismo público o Entidad vinculado o dependiente a éstos. También se podrán anotar en el mismo, la salida de los documentos oficiales dirigidos a otros órganos o particulares.

Los Organismos públicos vinculados o dependientes de cada Administración podrán disponer de su propio registro electrónico plenamente interoperable e interconectado con el Registro Electrónico General de la Administración de la que depende.

El Registro Electrónico General de cada Administración funcionará como un portal que facilitará el acceso a los registros electrónicos de cada Organismo. Tanto el Registro Electrónico General de cada Administración como los registros electrónicos de cada Organismo cumplirán con las garantías y medidas de seguridad previstas en la legislación en materia de protección de datos de carácter personal.

Las disposiciones de creación de los registros electrónicos se publicarán en el diario oficial correspondiente y su texto íntegro deberá estar disponible para consulta en la sede electrónica de acceso al registro. En todo caso, las disposiciones de creación de registros electrónicos especificarán el órgano o unidad responsable de su gestión, así como la fecha y hora oficial y los días declarados como inhábiles.

En la sede electrónica de acceso a cada registro figurará la relación actualizada de trámites que pueden iniciarse en el mismo.

14 Las Administraciones Públicas deberán hacer pública y mantener actualizada una relación de las oficinas en las que se prestará asistencia para la presentación electrónica de documentos.

Disposición adicional cuarta Oficinas de asistencia en materia de registros

Las Administraciones Públicas deberán mantener permanentemente actualizado en la correspondiente sede electrónica un directorio geográfico que permita al interesado identificar la oficina de asistencia en materia de registros más próxima a su domicilio.

3.1. Registro electrónico[15]

Los asientos se anotarán respetando el orden temporal de recepción o salida de los documentos, e indicarán la fecha del día en que se produzcan. Concluido el trámite de registro, los documentos serán cursados sin dilación a sus destinatarios y a las unidades administrativas correspondientes desde el registro en que hubieran sido recibidas.

El registro electrónico de cada Administración u Organismo garantizará la constancia, en cada asiento que se practique, de un número, epígrafe expresivo de su naturaleza, fecha y hora de su presentación, identificación del interesado, órgano administrativo remitente, si procede, y persona u órgano administrativo al que se envía, y, en su caso, referencia al contenido del documento que se registra.

Se emitirá automáticamente un recibo consistente en una copia autenticada del documento de que se trate, incluyendo la fecha y hora de presentación y el número de entrada de registro, así como un recibo acreditativo de otros documentos que, en su caso, lo acompañen, que garantice la integridad y el no repudio de los mismos.

3.2. Registro físico

Los documentos presentados de manera presencial ante las Administraciones Públicas, **deberán ser digitalizados**, de acuerdo con lo previsto en el artículo 27 y demás

15 Disposición transitoria segunda Registro electrónico y archivo electrónico único

Mientras no entren en vigor las previsiones relativas al registro electrónico y el archivo electrónico único, en el ámbito de la Administración General del Estado se aplicarán las siguientes reglas:

a) Durante el primer año, tras la entrada en vigor de la Ley, podrán mantenerse los registros y archivos existentes en el momento de la entrada en vigor de esta ley.

b) Durante el segundo año, tras la entrada en vigor de la Ley, se dispondrá como máximo, de un registro electrónico y un archivo electrónico por cada Ministerio, así como de un registro electrónico por cada Organismo público.

normativa aplicable, por la oficina de asistencia en materia de registros en la que **hayan sido presentados para su incorporación al expediente administrativo electrónico, devolviéndose los originales al interesado**, **sin perjuicio** de aquellos supuestos en que la norma determine la custodia por la Administración de los documentos presentados o resulte obligatoria la presentación de objetos o **de documentos en un soporte específico no susceptibles de digitalización.**

3.3. Rechazo de documentos e información

No se tendrán por presentados en el registro aquellos documentos e información cuyo régimen especial establezca otra forma de presentación.

Cuando la Administración en un procedimiento concreto establezca expresamente modelos específicos de presentación de solicitudes, éstos serán de uso obligatorio por los interesados. (Art. 66. 6 Ley 39/2015)

4. TIEMPO DE LA ACTIVIDAD. CÓMPUTO DE LOS PLAZOS

CÓMPUTO DE PLAZOS

- **HORAS.** Los plazos por horas se contanrán de hora en hora y de minuto en minuto (no superior a 24 horas) **són hábiles todas las horas del día** que formen parte de un día hábil
- **DÍAS HÁBILES** (Excluye sábado, Domingos y festivos del lugar del domicilio y de la sede del órgano administrativo)
 Se cuenta a partir del día siguiente
- **DÍAS NATURALES** (Solamente por Ley o derecho de la Unión Europea)
- **MESES O AÑOS** (se computan de fecha a fecha) Si no hubiera día equivalente se entiende el último día del mes. Si el último día es inhábil se entiende prorrogado

4.1. Cómputo por Horas

Salvo que por Ley o en el Derecho de la Unión Europea se disponga otro cómputo, **cuando los plazos se señalen por horas, se entiende que éstas son hábiles.** Son hábiles todas las horas del día que formen parte de un día hábil.

Los plazos expresados por horas se contarán de hora en hora y de minuto en minuto desde la hora y minuto en que tenga lugar la notificación o publicación del acto de que se trate y no podrán tener una duración superior a veinticuatro horas, en cuyo caso se expresarán en días.

4.2. Cómputo por Días

Siempre que por Ley o en el Derecho de la Unión Europea no se exprese otro cómputo, cuando los plazos se señalen por días, se entiende que éstos son hábiles, excluyéndose del cómputo los sábados, los domingos y los declarados festivos.

Los plazos expresados en días se contarán a partir del día siguiente a aquel en que tenga lugar la notificación o publicación del acto de que se trate, o desde el siguiente a aquel en que se produzca la estimación o la desestimación por silencio administrativo.

Cuando un día fuese hábil en el municipio o Comunidad Autónoma en que residiese el interesado, e inhábil en la sede del órgano administrativo, o a la inversa, se considerará inhábil en todo caso.

4.3. Cómputo por Días naturales

Cuando los plazos se hayan señalado por días naturales por declararlo así una ley o por el Derecho de la Unión Europea, se hará constar esta circunstancia en las correspondientes notificaciones.

4.4. Cómputo por meses o años

Si el plazo se fija en meses o años, éstos se computarán a partir del día siguiente a aquel en que tenga lugar la notificación o publicación del acto de que se trate, o desde el siguiente a aquel en que se produzca la estimación o desestimación por silencio administrativo.

El plazo concluirá el mismo día en que se produjo la notificación, publicación o silencio administrativo en el mes o el año de vencimiento. Si en el mes de vencimiento no hubiera día equivalente a aquel en que comienza el cómputo, se entenderá que el plazo expira el último día del mes.

Cuando el último día del plazo sea inhábil, se entenderá prorrogado al primer día hábil siguiente.

4.5. Cómputo de plazos en los registros

Cada Administración Pública publicará los días y el horario en el que deban permanecer abiertas las **oficinas que prestarán asistencia para la presentación electrónica** de documentos, garantizando el derecho de los interesados a ser asistidos en el uso de medios electrónicos.

Registro Electrónico de la Sede Electrónica (Punto General de Acceso PGA)

El registro electrónico de cada Administración u Organismo se regirá a efectos de cómputo de los plazos, por la fecha y hora oficial de la sede electrónica de acceso, que deberá contar con las medidas de seguridad necesarias para garantizar su integridad y figurar de modo accesible y visible.

El funcionamiento del registro electrónico se regirá por las siguientes reglas:

a) Permitirá la presentación de documentos **todos los días del año durante las veinticuatro horas.**

b) A los efectos del cómputo de plazo fijado en días hábiles, y en lo que se refiere al cumplimiento de plazos por los interesados, **la presentación en un día inhábil se entenderá realizada en la primera hora del primer día hábil siguiente salvo que una norma permita expresamente la recepción en día inhábil**.

Los documentos se considerarán presentados por el orden de hora efectiva en el que lo fueron en el día inhábil. **Los documentos presentados en el día inhábil se reputarán anteriores, según el mismo orden, a los que lo fueran el primer día hábil posterior.**

c) El inicio del cómputo de los plazos que hayan de cumplir las Administraciones Públicas vendrá determinado por la fecha y hora de presentación en el registro electrónico de cada Administración u Organismo. En todo caso, la fecha y hora efectiva de inicio del cómputo de plazos deberá ser comunicada a quien presentó el documento.

La sede electrónica del registro de cada Administración Pública u Organismo, determinará, atendiendo al ámbito territorial en el que ejerce sus competencias el titular de aquélla y al calendario previsto en el artículo 30.7, los días que se considerarán inhábiles a los efectos previstos en este artículo. Este será el único calendario de días inhábiles que se aplicará a efectos del cómputo de plazos en los registros electrónicos, sin que resulte de aplicación a los mismos lo dispuesto en el artículo 30.6.

4.6. Ampliación de Plazos

La Administración, salvo precepto en contrario, **podrá conceder de oficio o a petición de los interesados, una ampliación de los plazos establecidos, que no exceda de la mitad de los mismos,** si las circunstancias lo aconsejan y con ello no se perjudican derechos de tercero. El acuerdo de ampliación deberá ser notificado a los interesados.

El art. 68.2 de la Ley 39/2015 prevé la ampliación de plazos por 5 días cuando la aportación de documentos sean requeridos por la Administración.

La ampliación de los plazos por el tiempo máximo permitido se aplicará en todo caso a **los procedimientos tramitados por las misiones diplomáticas y oficinas consulares**, así como a aquellos que, sustanciándose en el interior, **exi-**

jan cumplimentar algún trámite en el extranjero o en los que intervengan interesados residentes fuera de España.

Tanto la petición de los interesados como la decisión sobre la ampliación deberán producirse, en todo caso, antes del vencimiento del plazo de que se trate. En ningún caso podrá ser objeto de ampliación un plazo ya vencido. Los acuerdos sobre ampliación de plazos o sobre su denegación no serán susceptibles de recurso, sin perjuicio del procedente contra la resolución que ponga fin al procedimiento.

Cuando una incidencia técnica haya imposibilitado el funcionamiento ordinario del sistema o aplicación que corresponda, y hasta que se solucione el problema, la Administración podrá determinar una ampliación de los plazos no vencidos, debiendo publicar en la sede electrónica tanto la incidencia técnica acontecida como la ampliación concreta del plazo no vencido.

4.7. Tramitación de urgencia

Cuando razones de interés público lo aconsejen, se podrá acordar, de oficio o a petición del interesado, la aplicación al procedimiento de la tramitación de urgencia, por la cual se reducirán a la mitad los plazos establecidos para el procedimiento ordinario, salvo los relativos a la presentación de solicitudes y recursos.

No cabrá recurso alguno contra el acuerdo que declare la aplicación de la tramitación de urgencia al procedimiento, sin perjuicio del procedente contra la resolución que ponga fin al procedimiento.

5. FORMA Y MOTIVACIÓN DE LOS ACTOS

El artículo 36 de la LPAC, los actos administrativos se producirán por escrito a través de medios electrónicos, a menos que su naturaleza exija otra forma más adecuada de expresión y constancia.

ART. 36

1. *Los actos administrativos se producirán por escrito a través de medios electrónicos, a menos que su naturaleza exija otra forma más adecuada de expresión y constancia.*

2. *En los casos en que los órganos administrativos ejerzan su competencia de forma verbal, la constancia escrita del acto, cuando sea necesaria, se efectuará y firmará por el titular del órgano inferior o funcionario que la reciba oralmente, expresando en la comunicación del mismo la autoridad de la que procede. Si se tratara de resoluciones, el titular de la competencia deberá autorizar una relación de las que haya dictado de forma verbal, con expresión de su contenido.*

3. *Cuando deba dictarse una serie de actos administrativos de la misma naturaleza, tales como nombramientos, concesiones o licencias, podrán refundirse en un único acto, acordado por el órgano competente, que especificará las personas u otras circunstancias que individualicen los efectos del acto para cada interesado.*

Motivación de los actos

Según la LPAC, la **motivación** consiste en «una sucinta referencia de hechos y fundamentos de derecho». Pero el que sea breve, o lo más concisa posible, no implica que no haya de ser suficiente, no bastando formularios preestablecidos o la mera cita de los preceptos aplicados.

La Ley 39/2015 (LPAC) amplía considerablemente la exigencia de motivación, extendiéndola no solo a aquellos actos que afecten a derechos subjetivos sino también a los que lo hagan a «intereses legítimos», englobando, por consiguiente, cualquier expectativa legítima de un derecho o de una simple ventaja material o moral.

Artículo 35

1. *Serán motivados, con sucinta referencia de hechos y fundamentos de derecho:*

- ***a)*** *Los actos que limiten derechos subjetivos o intereses legítimos.*
- ***b)*** *Los actos que resuelvan procedimientos de revisión de oficio de disposiciones o actos administrativos, recursos administrativos y procedimientos de arbitraje y los que declaren su inadmisión.*

c) *Los actos que se separen del criterio seguido en actuaciones precedentes o del dictamen de órganos consultivos.*

d) *Los acuerdos de suspensión de actos, cualquiera que sea el motivo de ésta, así como la adopción de medidas provisionales previstas en el artículo 56.*

e) *Los acuerdos de aplicación de la tramitación de urgencia, de ampliación de plazos y de realización de actuaciones complementarias.*

f) *Los actos que rechacen pruebas propuestas por los interesados.*

g) *Los actos que acuerden la terminación del procedimiento por la imposibilidad material de continuarlo por causas sobrevenidas, así como los que acuerden el desistimiento por la Administración en procedimientos iniciados de oficio.*

h) *Las propuestas de resolución en los procedimientos de carácter sancionador, así como los actos que resuelvan procedimientos de carácter sancionador o de responsabilidad patrimonial.*

i) *Los actos que se dicten en el ejercicio de potestades discrecionales, así como los que deban serlo en virtud de disposición legal o reglamentaria expresa.*

2. *La motivación de los actos que pongan fin a los procedimientos selectivos y de concurrencia competitiva se realizará de conformidad con lo que dispongan las normas que regulen sus convocatorias, debiendo, en todo caso, quedar acreditados en el procedimiento los fundamentos de la resolución que se adopte.*

6. NULIDAD DE LOS ACTOS

Los actos administrativos y disposiciones generales de las Administraciones públicas se presumen válidos y **conformes al ordenamiento jurídico**, siempre que se adopten por el procedimiento establecido y se dicten por el órgano competente.

En el caso que se produzca infracción del acto administrativo puede ocurrir que no produzca sus efectos normales, es decir que sea inválidos.

Según el grado de infracción los **actos administrativos** pueden ser de tres categorías:

— nulidad radical o de pleno derecho
— anulabilidad
— irregularidades no invalidantes

INFRACCION DEL ORDENAMIENTO POR ACTOS ADMINISTRATIVOS	
	ACTOS NULOS (ART 47 LPAC)
	ACTOS ANULABLES (ART 48 LPAC) REGLA GENERAL
	ACTOS IRREGULARES NO INVALIDANTES

6.1. Diferencia entre Nulidad y Anulabilidad

La Nulidad puede instarse en cualquier momento.

La anulabilidad solamente puede hacerse en los plazos fijados por el ordenamiento, bien en recurso administrativos o bien el proceso Contencioso-Administrativo.

Los actos nulos no pueden convalidarse ni subsanarse. Los actos anulables se subsanan por el transcurso del tiempo y pueden ser objeto de convalidación.

El plazo para hacer valer la anulabilidad del acto será de 4 años (art. 107.2 LPAC) sus efectos se hacen valer desde el momento de su declaración de anulabilidad (Ex nunc) y no desde su nacimiento (ex tunc) como ocurre en los actos nulos.

Concurre la condición de nulo en el acto administrativo afectado por un **vicio de máxima gravedad**.

6.2. Nulidad de pleno derecho

1. Los actos de las Administraciones Públicas son nulos de pleno derecho en los casos siguientes:

a) Los que lesionen los derechos y libertades susceptibles de amparo constitucional.

b) Los dictados por órgano manifiestamente incompetente por razón de la materia o del territorio.

c) Los que tengan un contenido imposible.

d) Los que sean constitutivos de infracción penal o se dicten como consecuencia de ésta.

e) Los dictados prescindiendo total y absolutamente del procedimiento legalmente establecido o de las normas que contienen las reglas esenciales para la formación de la voluntad de los órganos colegiados.

f) Los actos expresos o presuntos contrarios al ordenamiento jurídico por los que se adquieren facultades o derechos cuando se carezca de los requisitos esenciales para su adquisición.

g) Cualquier otro que se establezca expresamente en una disposición con rango de Ley.

También serán nulas de pleno derecho las disposiciones administrativas que vulneren la Constitución, las leyes u otras disposiciones administrativas de rango superior, las que regulen materias reservadas a la Ley, y las que establezcan la retroactividad de disposiciones sancionadoras no favorables o restrictivas de derechos individuales.

La nulidad tiene **carácter excepcional**. Los vicios que conducen a la nulidad del acto son tasados, pues sólo pueden considerarse como defectos generadores de nulidad los supuestos previstos legalmente –en la LPAC o en otra disposición con rango de Ley.

Art. 47.1.a) Los que lesionen los derechos y libertades susceptibles de amparo constitucional.

Para que opere esta causa de nulidad, es preciso que el acto administrativo trasgreda el contenido de **derechos fundamentales en sentido estricto**, es decir, de los reconocidos como tales en la Constitución arts. 14 a 29.

Las invocaciones más frecuentes de la lesión del derecho a la igualdad y el derecho a la tutela judicial efectiva.

El derecho a la tutela judicial efectiva recogida en el art. 24 de la constitución recoge una serie de derechos desarrollados por la doctrina y la jurisprudencia, de tal forma que la propia administración debe responder de forma motivada y congruente (Tutela efectiva)[16] a todas las personas en el ejercicio de sus derechos e intereses legítimos, sin que en ningún caso pueda producirse indefensión.

La indefensión debe ser alegada por la persona que se siente vulnerados sus derechos.

Tiene carácter personalísimo, careciendo de legitimidad terceros interesados en el procedimiento. La indefensión debe ser real y efectiva.

La falta absoluta de motivación constitutiva de arbitrariedad, es causa de nulidad.

Indefensión en procedimientos sancionadores

- El **derecho a ser informado de la acusación**, garantizado como fundamental por la Constitución (Const. art. 24.2), se satisface ordinariamente en el procedimiento administrativo sancionador a través de la notificación de la **propuesta de resolución**, al ser ésta donde se contiene un pronunciamiento preciso acerca de la responsabilidad que se imputa, integrado por la definición de la conducta infractora que se aprecia, su subsunción en un tipo infractor y por la consecuencia punitiva que se apareja a aquélla en el caso concreto.

Supuestos de nulidad reconocidos por la jurisprudencia

— La ausencia de traslado de propuesta de resolución puede dar lugar a la **retroacción de actuaciones** hasta el momento en que se omitió el trámite.

16 La lesión del derecho de **tutela judicial efectiva** (Const. art. 24.1) siendo trasladable a la actuación administrativa únicamente en los casos más graves. Sólo en el **procedimiento sancionador**, por la aplicación al mismo de las garantías del proceso penal o cuando la administración llegue a producir un resultado que cierre el paso a la ulterior intervención revisora de la jurisdicción, o que no permita la reversión del mismo.

— El cambio de instructor que no se notifica al interesado
— Falta de traslado de la propuesta resolución
— Denegación arbitraria de pruebas
— Resolución sancionadora sin haberse notificado la incoación del procedimiento al interesado.
— Ausencia de procedimiento sancionador previo
— Falta de incorporación de las pruebas practicadas
Defectos de notificaciones

Art. 47.1.b) Los dictados por órgano manifiestamente incompetente por razón de la materia o del territorio.

La competencia de la Administración concreta es el primer presupuesto para la validez del acto administrativo, por ello la incompetencia es motivo para provocar su nulidad. La incompetencia será nula por razón de la materia o del lugar. Dictar un acto que corresponde al órgano legislativo o judicial o de otra administración (por ejemplo lo dicta un Ayuntamiento en vez de otro competente).

No será nulo el acto dictado por incompetencia jerárquica puesto que puede ser convalidado por el inmediato superior jerárquico (Art. 52.3 Lpac).

La incompetencia debe ser manifiesta, clara, evidente, palmaria e indudable, en caso de duda o interpretaciones estaremos antes un supuesto de anulabilidad.

Art. 47.1.c) Los que tengan un contenido imposible.

Serán nulos los actos de contenido físico imposible (inadecuado a la realidad física sobre la que recaen o imposibilidad lógica, es decir contrario a las leyes físicas inexorables o racionalmente imposibles).

En algún casos la indeterminación, ambigüedad o ininteligibilidad del contenido del acto hacen considerarlo nulo por tener un contenido imposible.

Actos de contenido imposible

La confirmación, en vía de recurso, de un acto administrativo que nunca existió

Resolución de recurso no interpuesto

Ejecución de una sanción indeterminada

Exigencia de una tasa sin hecho imponible

Adjudicación de un contrato a persona fallecida

Autorización de arrendamiento a tercero de una entidad local, de un inmueble que no le pertenece

Adjudicación de un contrato de construcción de casetas que ya están constituidas

Adjudicación de contrato de permuta con persona no propietaria

Fijación del valor catastral de un inmueble inexistente

Art. 47.1.d) Los que sean constitutivos de infracción penal o se dicten como consecuencia de ésta.

Son nulos los actos constitutivos de infracción penal y los que se dicten como consecuencia de ésta. La nulidad afecta a los actos constitutivos de **delito** o como de delito leve consumado y no prescrito.

Para que el acto administrativo sea nulo precisamos una sentencia penal firme Normalmente el funcionario será el autor (no basta la mera complicidad) del delito (prevaricación, cohecho) pero también podrá ser un particular (que amenaza, o aporta documentos falsos al procedimiento administrativo). La sentencia penal no anula el acto administrativo sino que será preciso iniciar el correspondiente procedimiento para declarar la nulidad del acto (revisión de oficio). Debe existir relación de causalidad entre el ilícito penal y el acto administrativo.

Art. 47.1.e) Los dictados prescindiendo total y absolutamente del procedimiento legalmente establecido.

No basta la mera omisión de un trámite, Será nulo el acto si se ha prescindido total y absolutamente del procedimiento legalmente establecido. La omisión debe ser clara, manifiesta ostensible, reservándose esta nulidad para casos extremos.

Ausencia total del trámite. Por ejemplo revocar un acto administrativo que produce efectos favorables a un ciudadano sin seguir procedimiento de revisión de oficio.

O de las normas que contienen las reglas esenciales para la formación de la voluntad de los t colegiados.

En este supuesto se da la nulidad cuando la regla de la que se ha prescindido tiene carácter esencial. Se consideran esenciales las normas que regulan las siguientes fases: Quorum, convocatoria, composición y votaciones.

Art. 47.1.f) Los actos expresos o presuntos contrarios al ordenamiento jurídico por los que se adquieren facultades o derechos cuando se carezca de los requisitos esenciales para su adquisición.

Son nulos los actos, expresos o presuntos, **contrarios al ordenamiento** jurídico, por los que se adquieren facultades o derechos, cuando se carezca de los requisitos esenciales para su adquisición.

Este vicio es aplicable exclusivamente a los **actos favorables** y, dentro de ellos, a los que atribuyen facultades o derechos (fundamentalmente concesiones, autorizaciones, licencias, subvenciones).

Este supuesto de nulidad radical ha de interpretarse con extrema rigidez y **carácter excepcional**.

La razón de ser de este vicio se centra en los actos **presuntos**, producidos, por tanto, en un procedimiento administrativo iniciado a instancia de interesado, aunque sea extensible a los actos **expresos** y aun a los **tácitos**, por aplicación respecto de estos últimos de un principio de identidad de razón.

Lo que se pretende, en suma, es evitar que, por el juego formal de las reglas del **silencio administrativo**, se produzcan verdaderos actos administrativos presuntos positivos de carácter contrario al ordenamiento vigente.

Art. 47.1.g) Cualquier otro que se establezca expresamente en una disposición con rango de Ley.

Con carácter residual se establece la nulidad de otros supuestos previstos por una norma con rango de Ley (no reglamento) estatal o autonómica admitiéndose también el derecho comunitario.

Nulidad por disposición legal

— Actos contrarios a la resoluciones judiciales para eludir su cumplimiento Art. 102.4 y 5 de la Ley de La Jurisdicción de lo contencioso Administrativo

— Actos que impliquen compromisos de gastos superiores a los créditos autorizados en las entidades de gestión

— Compromiso de gasto sin respaldo presupuestario (Ley General Presupuestaria)

— Adjudicación de contratos a contratista incursos en prohibición

— Supuestos especiales de nulidad contractual (Ley contratos Sector Público)

— Violación del principio de inderogabilidad singular de reglamentos

— Nulidad por infracción de una norma constitucional. Algunas sentencias han estimado que son nulos los actos administrativos dictados en aplicación de una ley declarada inconstitucional

— Actos dictados en fraude de ley

Ar. 47.2. También serán nulas de pleno derecho las disposiciones administrativas que vulneren la Constitución, las leyes u otras disposiciones administrativas de rango superior, las que regulen materias reservadas a la Ley, y las que establezcan la retroactividad de disposiciones sancionadoras no favorables o restrictivas de derechos individuales.

Son nulas de pleno derecho las disposiciones administrativas (Reales Decretos, instrucciones, y circulares de que dicta la Administracion:

- Que vulneren la **Constitución,** las **leyes** u otras disposiciones administrativas de rango superior;
- Que regulen **materias reservadas a la Ley;**
- Que establezcan la retroactividad de **disposiciones sancionadoras** no favorables o restrictivas de derechos individuales.

Sólo son de aplicación a las disposiciones reglamentarias las categorías de invalidez por nulidad y de irregularidades invalidantes, mas no la anulabilidad, de forma que todo **vicio de invalidez** genera la nulidad radical de la norma.

La declaración de nulidad de una disposición administrativa implica que su vigencia desde su entrada en vigor, ha sido aparente. La nulidad del reglamento implica el de las normas inferiores que se remiten a él, no implica la nulidad de los actos administrativos firmes (consentidos y no recurridos) aunque podrá pedirse la revocación del acto.

6.3. Anulabilidad

La anulabilidad constituye la consecuencia general de las infracciones del ordenamiento. Cuando un acto infringe el ordenamiento en anulable, salvo que esté especialmente prevista la nulidad del acto como sanción a esa infracción más grave.

Las infracciones de menor gravedad, serán actos irregulares pero no invalidantes.

La anulabilidad se regula en el art. 48 de la LPAC Son anulables los actos de la Administración que incurran en cualquier infracción del ordenamiento jurídico, incluso la desviación de poder.

6.4. *Actos irregulares no invalidantes*

Defecto de forma de los actos

Específicamente señala que para el caso de actos con defecto de forma solamente serán anulables cuando carezca de los requisitos formales indispensables para alcanzar su fin o dé lugar a indefensión de los interesados.

Por tanto los defectos de forma que no causen indefensión o que puedan alcanzar su fin, serán meras irregularidades no invalidantes. En algunas ocasiones la falta de forma del acto, si no es esencial o no produce indefensión no será anulable (Art. 48.2).

Actuaciones fuera de plazo

Las infracciones de plazo por parte de la Administración solo serán anulables cuando así lo imponga la naturaleza del término o plazo (Art. 48.3).

Los actos producidos fuera de tiempo en principio son válidos, aunque pueden producir otros efectos, (responsabilidad del titular del órgano o de la Administración o que se produzca un acto presunto).

Esta regla de validez de acto se refiere a plazos de los actos de trámite incluso para dictar la resolución.

El plazo para hacer valer la anulabilidad del acto será de 4 años (art. 107.2 LPAC) sus efectos se hacen valer desde el momento de su declaración de anulabilidad (Ex nunc) y no desde su nacimiento (ex tunc).

6.5. *Conversión de actos*

Los actos nulos o anulables que, sin embargo, contengan los elementos constitutivos de otro distinto producirán los efectos de éste.

Es un supuesto distinto al de convalidación. En la conversión se da vida a otro acto distinto, desaparece el acto nulo o anulable y nace otro nuevo.

6.6. Convalidación de actos

La Administración podrá convalidar los actos anulables, subsanando los vicios de que adolezcan.

El acto de convalidación producirá efecto desde su fecha, salvo lo dispuesto en el artículo 39.3 para la retroactividad de los actos administrativos.

Si el vicio consistiera en incompetencia no determinante de nulidad, la convalidación podrá realizarse por el órgano competente cuando sea superior jerárquico del que dictó el acto viciado.

Si el vicio consistiese en la falta de alguna autorización, podrá ser convalidado el acto mediante el otorgamiento de la misma por el órgano competente.

La administración puede convalidar los actos anulables, subsanando los vicios de que adolezcan. Tiene que haber un acto administrativo específico, el acto de convalidación distinto del acto convalidado y autónomo respecto de éste en su tratamiento procesal, siendo recurrible de forma autónoma.

El órgano que convalida ha de ser el superior jerárquico y competente para dictar el acto produciendo por el órgano inferior.

La convalidación es una facultad delegable, y puede avocarse por el superior competente.

Si el vicio consiste en falta de autorización, el acto puede ser convalidado mediante el otorgamiento de misma por el órgano competente.

El acto convalidado produce efectos desde la fecha de la convalidación, a menos que pueda otorgarse eficacia retroactiva al acto de convalidación por producir efectos favorables al interesado, conforme el art. 39.3 de la LPAC.

Capítulo 4
PROCEDIMIENTO I

SUMARIO

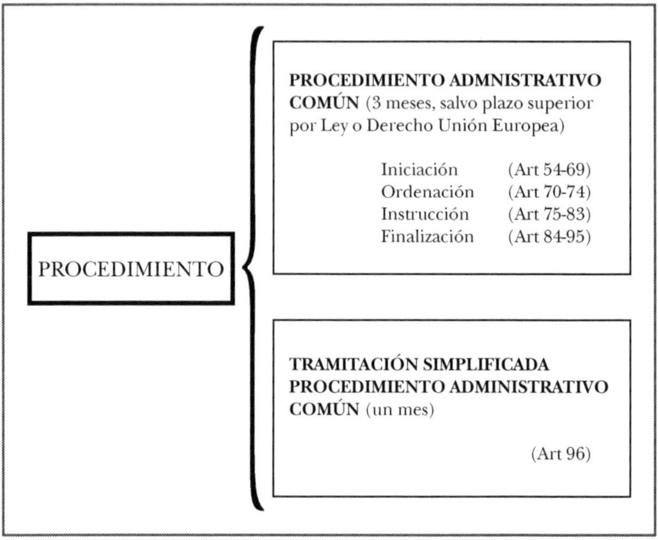

1. INICIO DEL PROCEDIMIENTO

Los procedimientos podrán iniciarse de oficio o a solicitud del interesado (art. 54).

1.1. Iniciación de oficio

Los procedimientos se iniciarán de oficio por acuerdo del órgano competente, el cual puede venir motivado:

Los procedimientos se iniciarán de oficio por acuerdo del órgano competente:

Propia iniciativa (Art. 59)
Orden superior, (Art. 60) [17]
Petición razonada de otros órganos (Art. 61)
Denuncia. (Art. 62)

---

17 En los procedimientos de naturaleza sancionadora, la orden expresará, en la medida de lo posible, la persona o personas presuntamente responsables; las conductas o hechos que pudieran constituir infracción administrativa y su tipificación; así como el lugar, la fecha, fechas o período de tiempo continuado en que los hechos se produjeron.

Con anterioridad al acuerdo de iniciación podrá el órgano competente abrir un periodo de información previa con el fin de conocer las circunstancias del caso concreto y la conveniencia o no de iniciar el procedimiento (art. 55.1).

También se podrán adoptar medidas provisionales con el fin de asegurar la eficacia de la resolución que pudiera recaer, conforme a los principios de proporcionalidad, efectividad y menor onerosidad.

INICIO

* **DE OFICIO** (Art. 58)

— Información previa	(Art 55)
— Medidas provisionales	(Art 56)

* **INSTANCIA PARTE** (Art. 66)

— Escrito o modelo oficial	(Art 66.1 y 66.6)
— Subsanación	(Art 68)
— Ampliación plazo	(Art 68.2 y 32)
— Amp. plazo por cuestiones técnicas	(Art32. 4)
— Tramitación de Urgencia	(Art 33)
— Suspensión plazo	(Art 22)
— Declaración responsable	(Art 69.1)
— Comunicación	(Art 69.2)

1.2. Iniciación a solicitud de persona interesada

Las solicitudes que se formulen deberán contener (art. 66):

a) Nombre y apellidos del interesado o razón social y DNI/ CIF correspondiente y, en su caso, de la persona que lo represente. (ver Art. 9.1)

b) Identificación del medio electrónico, o lugar físico en que desea que se practique la notificación. Adicionalmente, podrán aportar correo electrónico y/o dispositivo electrónico con el fin de que les avisen del envío de la notificación.

c) Hechos, razones y petición en que se concrete, con toda claridad, la solicitud.
d) Lugar y fecha.
e) Firma del solicitante[18] o acreditación de la autenticidad de su voluntad expresada por cualquier medio.
f) Órgano, centro o unidad administrativa a la que se dirige y su correspondiente código de identificación.

La solicitudes deberán presentarse en alguna de las siguientes dependencias (Art. 16.4.º de la LPAC):

a) En el registro electrónico de la Administración u organismo al que se dirijan, así como en los registros electrónicos de la Administración General del Estado, de las Administraciones de las comunidades autónomas, de las entidades que integran la Administración local y en los registros del sector público institucional.
b) En las oficinas de correos, en la forma que reglamentariamente se establezca.
c) En las representaciones diplomáticas u oficinas consulares de España en el extranjero.
d) En las oficinas de asistencia en materia de registros.
e) En cualquier otro que establezcan las disposiciones vigentes.

En el apartado e) del Artículo 66 se distingue y entre Autenticación (art. 9) y firma electrónica (Art. 10).

Hasta ahora se había extendido y popularizado la firma electrónica demostrando así la identidad de la persona y la voluntad del interesado a la hora de presentar o solicitar a

---

18 Con carácter general, para realizar cualquier actuación prevista en el procedimiento administrativo, será suficiente con que los interesados acrediten previamente su identidad a través de cualquiera de los medios de identificación previstos en esta Ley.

2. Las Administraciones Públicas sólo requerirán a los interesados el uso obligatorio de firma para:

a) Formular solicitudes.
b) Presentar declaraciones responsables o comunicaciones.
c) Interponer recursos.
d) Desistir de acciones.
e) Renunciar a derechos.

la administración. El Reglamento comunitario 910/2014, conocido por Reglamento eIDAS.

El Reglamento 910/2014 también reserva la firma electrónica para las personas físicas, de tal forma que la tan extendida firma de las personas jurídicas y de las Sociedades para actuar ante la Agencia Tributaria, (por ejemplo) va a cambiar, tomando mayor importancia el Registro Electrónico de Apoderamientos (R.E.A).

Es decir la Persona Jurídica, designará a una persona física (administrador, consejero delegado, representante, abogado, etc) dicho poder será conveniente que se haga valer en el Registro Electrónico (R.E.A) y dicha persona tendrá firma y podrá representar a dicha Persona Jurídica.

La identificación o autenticación ante la Administración puede hacer en diferentes niveles. (Art. 9.2)[19].

Existe un página web denominada Cl@ve. Cl@ve es un sistema orientado a unificar y simplificar el acceso electrónico de los ciudadanos a los servicios públicos. Su objetivo principal es que el ciudadano pueda identificarse ante la

---

19 Los interesados podrán identificarse electrónicamente ante las Administraciones Públicas a través de cualquier sistema que cuente con un registro previo como usuario que permita garantizar su identidad. En particular, serán admitidos, los sistemas siguientes:

a) Sistemas basados en certificados electrónicos reconocidos o cualificados de firma electrónica expedidos por prestadores incluidos en la «Lista de confianza de prestadores de servicios de certificación». A estos efectos, se entienden comprendidos entre los citados certificados electrónicos reconocidos o cualificados los de persona jurídica y de entidad sin personalidad jurídica.

b) Sistemas basados en certificados electrónicos reconocidos o cualificados de sello electrónico expedidos por prestadores incluidos en la «Lista de confianza de prestadores de servicios de certificación».

c) Sistemas de clave concertada y cualquier otro sistema que las Administraciones Públicas consideren válido, en los términos y condiciones que se establezcan.

Cada Administración Pública podrá determinar si sólo admite alguno de estos sistemas para realizar determinados trámites o procedimientos, si bien la admisión de alguno de los sistemas de identificación previstos en la letra c) conllevará la admisión de todos los previstos en las letras a) y b) anteriores para ese trámite o procedimiento.

Administración mediante claves concertadas (usuario más contraseña), sin tener que recordar claves diferentes para acceder a los distintos servicios.

Cl@ve complementa los actuales sistemas de acceso mediante DNI-e y certificado electrónico, y ofrece la posibilidad de realizar firma en la nube con certificados personales custodiados en servidores remotos.

Cl@ve contempla la utilización de sistemas de identificación:

1º Certificados electrónicos (incluyendo el DNI-e). sistema de identificación basados en claves concertadas (sistemas de usuario y contraseña).

2º Cl@ve ocasional (Cl@ve PIN): sistema de contraseña de validez muy limitada en el tiempo, orientado a usuarios que acceden esporádicamente a los servicios, que se corresponde con el sistema PIN24H de la AEAT.

3º Cl@ve permanente: sistema de contraseña de validez duradera en el tiempo, pero no ilimitada, orientado a usuarios habituales. Se corresponde con el sistema de acceso mediante usuario y contraseña, reforzado con claves de un solo uso por SMS, a los servicios de Seguridad Social. Este sistema será además el que permitirá el acceso al ciudadano a la firma en la nube.

La firma electrónica es el conjunto de datos, en forma electrónica, consignados junto a otros o asociados con ellos que pueden ser utilizados como medio de expresión de la voluntad del firmante. Es una cadena de caracteres, generada mediante un algoritmo matemático, que se obtiene utilizando como variables la clave privada y la huella digital del texto a firmar de forma que permite asegurar la identidad del firmante y la integridad del mensaje.

Firmaelectrónica.gob.es, contiene cuestiones de interés para la firma de los ciudadanos, de las empresas y de los Empleados Públicos.

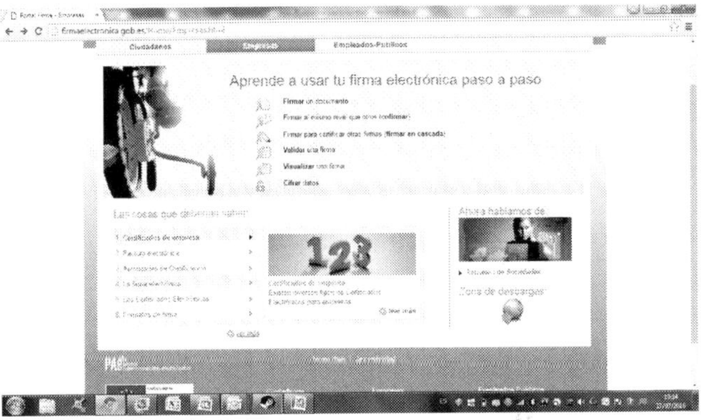

Las oficinas de asistencia en materia de registros estarán obligadas a facilitar a los interesados el **código de identificación si el interesado lo desconoce**. Asimismo, las Administraciones Públicas deberán mantener y actualizar en la sede electrónica correspondiente un listado con los códigos de identificación vigentes.

En todo caso, las Administraciones Públicas informarán a los interesados del **plazo máximo** establecido para la resolución de los procedimientos y para la notificación de los actos que les pongan término, así como de **los efectos que pueda producir el silencio administrativo**. Dicha mención se incluirá en la notificación o publicación del acuerdo de iniciación de oficio, o en la comunicación que se dirigirá al efecto al interesado dentro de los diez días siguientes a la recepción de la solicitud iniciadora del procedimiento en el registro electrónico de la Administración u Organismo competente para su tramitación. (Art. 21.4 último párrafo Ley 39/2015)

De las solicitudes, comunicaciones y escritos que presenten los interesados electrónicamente o en las oficinas de asistencia en materia de registros de la Administración, podrán éstos exigir el correspondiente recibo que acredite la fecha y hora de presentación.

Cuando la Administración en un procedimiento concreto establezca expresamente modelos específicos de presentación de solicitudes, éstos serán de uso obligatorio por los interesados.

Los sistemas normalizados de solicitud podrán incluir comprobaciones automáticas de la información aportada respecto de datos almacenados en sistemas propios o pertenecientes a otras Administraciones u ofrecer el formulario cumplimentado, en todo o en parte, con objeto de que el interesado verifique la información y, en su caso, la modifique y complete.

1.2.1. Subsanación y mejora de la solicitud

Si la solicitud de iniciación no reúne los requisitos que señala el artículo 66, y, en su caso, los que señala el artículo 67 u otros exigidos por la legislación específica aplicable, se requerirá al interesado para que, en un plazo de diez días, subsane la falta o acompañe los documentos preceptivos, con indicación de que, si así no lo hiciera, se le tendrá por desistido de su petición, previa resolución que deberá ser dictada en los términos previstos en el artículo 21.

Si alguno de los sujetos a los que hace referencia el artículo 14.2 y 14.3 presenta su solicitud presencialmente, las Administraciones Públicas requerirán al interesado para que la subsane a través de su presentación electrónica. A estos efectos, se considerará como fecha de presentación de la solicitud aquella en la que haya sido realizada la subsanación.

1.2.2. Ampliación de plazo (aportación de documentos)

Siempre que no se trate de procedimientos selectivos o de concurrencia competitiva, este plazo podrá ser ampliado prudencialmente, hasta **cinco días,** a petición del interesado o a iniciativa del órgano, cuando la aportación de los documentos requeridos presente dificultades especiales.

También el art. 32 de la Ley establece que se podrá conceder de oficio o a petición de los interesados, una ampliación de los plazos establecidos, **que no exceda de la mitad de los mismos,** si las circunstancias lo aconsejan y con ello no se perjudican derechos de tercero. El acuerdo de ampliación deberá ser notificado a los interesados.

La ampliación de los plazos por el tiempo máximo permitido se aplicará en todo caso a los procedimientos tramitados por las **misiones diplomáticas y oficinas consulares, así como a aquellos que, sustanciándose en el interior, exijan cumplimentar algún trámite en el extranjero o en los que intervengan interesados residentes fuera de España.**

Tanto la petición de los interesados como la decisión sobre la ampliación deberán producirse, en todo caso, antes del vencimiento del plazo de que se trate. En ningún caso podrá ser objeto de ampliación un plazo ya vencido. Los acuerdos sobre ampliación de plazos o sobre su denegación no serán susceptibles de recurso, sin perjuicio del procedente contra la resolución que ponga fin al procedimiento.

1.2.3. Ampliación plazos por incidencia técnica

Cuando una incidencia técnica haya imposibilitado el funcionamiento ordinario del sistema o aplicación que corresponda, y hasta que se solucione el problema, la **Administración podrá determinar una ampliación de los plazos no vencidos**, debiendo publicar en la sede electrónica tanto **la incidencia técnica acontecida como la ampliación concreta del plazo no vencido.**

1.2.4. Tramitación de urgencia

Cuando razones de interés público lo aconsejen, se podrá acordar, de oficio o a petición del interesado**, la aplicación al procedimiento de la tramitación de urgencia**, por la cual **se reducirán a la mitad los plazos** establecidos para el procedimiento ordinario, salvo los relativos a la presentación de solicitudes y recursos.

No cabrá recurso alguno contra el acuerdo que declare la aplicación de la tramitación de urgencia al procedimiento, sin perjuicio del procedente contra la resolución que ponga fin al procedimiento.

1.2.5. Suspensión del plazo

El art. 22.1 y 2 [20] regula unos supuestos en los que se puede suspender el plazo máximo de resolución, por ejem-

---

20 **a**) Cuando deba requerirse a cualquier interesado para la subsanación de deficiencias o la aportación de documentos y otros elementos de juicio necesarios, por el tiempo que medie entre la notificación del requerimiento y su efectivo cumplimiento por el destinatario, o, en su defecto, por el del plazo concedido, todo ello sin perjuicio de lo previsto en el artículo 68 de la presente Ley.

b) Cuando deba obtenerse un pronunciamiento previo y preceptivo de un órgano de la Unión Europea, por el tiempo que medie entre la petición, que habrá de comunicarse a los interesados, y la notificación del pronunciamiento a la Administración instructora, que también deberá serles comunicada.

c) Cuando exista un procedimiento no finalizado en el ámbito de la Unión Europea que condicione directamente el contenido de la resolución de que se trate, desde que se tenga constancia de su existencia, lo que deberá ser comunicado a los interesados, hasta que se resuelva, lo que también habrá de ser notificado.

d) Cuando se soliciten informes preceptivos a un órgano de la misma o distinta Administración, por el tiempo que medie entre la petición, que deberá comunicarse a los interesados, y la recepción del informe, que igualmente deberá ser comunicada a los mismos. Este plazo de suspensión no podrá exceder en ningún caso de tres meses. En caso de no recibirse el informe en el plazo indicado, proseguirá el procedimiento.

e) Cuando deban realizarse pruebas técnicas o análisis contradictorios o dirimentes propuestos por los interesados, durante el tiempo necesario para la incorporación de los resultados al expediente.

f) Cuando se inicien negociaciones con vistas a la conclusión de un pacto o convenio en los términos previstos en el artículo 86 de esta Ley, desde la declaración formal al respecto y hasta la conclusión sin efecto, en su caso, de las referidas negociaciones, que se constatará mediante declaración formulada por la Administración o los interesados.

g) Cuando para la resolución del procedimiento sea indispensable la obtención de un previo pronunciamiento por parte de un órgano jurisdiccional, desde el momento en que se solicita, lo que habrá de comunicarse a los interesados, hasta que la Administración tenga constancia del mismo, lo que también deberá serles comunicado.

2. El transcurso del plazo máximo legal para resolver un procedimiento y notificar la resolución se suspenderá en los siguientes casos:

plo cuando nos requieren una documentación como supuesto más habitual.

1.3. *Declaración responsable*

Declaración responsable es el documento suscrito por un interesado en el que éste manifiesta, bajo su responsabilidad, que cumple con los requisitos establecidos en la normativa vigente para obtener el reconocimiento de un derecho o facultad o para su ejercicio, que dispone de la documentación que así lo acredita, que la pondrá a disposición de la Administración cuando le sea requerida, y que se compromete a mantener el cumplimiento de las anteriores obligaciones durante el período de tiempo inherente a dicho reconocimiento o ejercicio.

Los requisitos a los que se refiere el párrafo anterior deberán estar recogidos de manera expresa, clara y precisa en la correspondiente declaración responsable. Las Administraciones podrán requerir en cualquier momento que se aporte la documentación que acredite el cumplimiento de los mencionados requisitos y el interesado deberá aportarla.

1.4. *Comunicación*

Comunicación aquel documento mediante el que los interesados ponen en conocimiento de la Administración

---

a) Cuando una Administración Pública requiera a otra para que anule o revise un acto que entienda que es ilegal y que constituya la base para el que la primera haya de dictar en el ámbito de sus competencias, en el supuesto al que se refiere el apartado 5 del artículo 39 de esta Ley, desde que se realiza el requerimiento hasta que se atienda o, en su caso, se resuelva el recurso interpuesto ante la jurisdicción contencioso administrativa. Deberá ser comunicado a los interesados tanto la realización del requerimiento, como su cumplimiento o, en su caso, la resolución del correspondiente recurso contencioso-administrativo.

b) Cuando el órgano competente para resolver decida realizar alguna actuación complementaria de las previstas en el artículo 87, desde el momento en que se notifique a los interesados el acuerdo motivado del inicio de las actuaciones hasta que se produzca su terminación.

c) Cuando los interesados promuevan la recusación en cualquier momento de la tramitación de un procedimiento, desde que ésta se plantee hasta que sea resuelta por el superior jerárquico del recusado.

Pública competente sus datos identificativos o cualquier otro dato relevante para el inicio de una actividad o el ejercicio de un derecho.

Las declaraciones responsables y las comunicaciones permitirán, el reconocimiento o ejercicio de un derecho o bien el inicio de una actividad, desde el día de su presentación, sin perjuicio de las facultades de comprobación, control e inspección que tengan atribuidas las Administraciones Públicas.

La inexactitud, falsedad u omisión, de carácter esencial, de cualquier dato o información que se incorpore a una declaración responsable o a una comunicación, o la no presentación ante la Administración competente de la declaración responsable, la documentación que sea en su caso requerida para acreditar el cumplimiento de lo declarado, o la comunicación, determinará la imposibilidad de continuar con el ejercicio del derecho o actividad afectada desde el momento en que se tenga constancia de tales hechos, sin perjuicio de las responsabilidades penales, civiles o administrativas a que hubiera lugar.

Asimismo, la resolución de la Administración Pública que declare tales circunstancias podrá determinar la obligación del interesado de restituir la situación jurídica al momento previo al reconocimiento o al ejercicio del derecho o al inicio de la actividad correspondiente, así como la imposibilidad de instar un nuevo procedimiento con el mismo objeto durante un período de tiempo determinado por la ley, todo ello conforme a los términos establecidos en las normas sectoriales de aplicación.

Únicamente será exigible, bien una declaración responsable, bien una comunicación para iniciar una misma actividad u obtener el reconocimiento de un mismo derecho o facultad para su ejercicio, sin que sea posible la exigencia de ambas acumulativamente.

2. ORDENACIÓN DEL PROCEDIMIENTO

ORDENACIÓN

- **EXPEDIENTE ELECTRÓNICO** (Art. 70.2)
- **IMPULSO** (Art. 71)
- **CONCENTRACIÓN TRÁMITES** (Art. 72)
- **CUMPLIMIENTO TRÁMITES** (Art. 73)
- **CUESTIONES INCIDENTALES** (Art. 74)

2.1. Expediente electrónico

La ordenación del procedimiento administrativo común se realiza a través de un expediente administrativo, que se define como el conjunto ordenado de documentos y actuaciones que sirven de antecedente y fundamento a la resolución administrativa, y las diligencias para ejecutarla.

Tendrá formato electrónico y se formarán mediante la agregación ordenada de cuantos documentos, pruebas, dictámenes, informes, acuerdos, notificaciones y demás diligencias deban integrarlos, así como un índice numerado de todos los documentos. Deberá constar en el expediente copia electrónica certificada de la resolución adoptada.

2.2. Impulso y principios del procedimiento

El procedimiento, sometido al principio de **celeridad,** (art. 71) se impulsará de oficio en todos sus trámites y a través de medios electrónicos, respetando los principios de **transparencia** y **publicidad.**

En el despacho de los expedientes **se guardará el orden riguroso de incoación** en asuntos de homogénea naturaleza, salvo que por el titular de la unidad administrativa se dé orden motivada en contrario, de la que quede constancia.

Otros principios del procedimiento de múltiples **manifestaciones** a lo largo de la mencionada Ley, como son muestra el principio de audiencia, (art. 82) el de publicidad de los expedientes (art. 71), el derecho a deducir alegaciones en cualquier momento (art. 76).

El principio contradictorio (art. 75.4) ha de ponerse en conexión con el de **igualdad** cuando existan varios interesados con posiciones enfrentadas, pues se exige que, «en cualquier caso, el órgano instructor adoptará las medidas necesarias para lograr el pleno respeto a los principios de contradicción e igualdad de los interesados en el procedimiento».

Igualdad (Art. 14 CE). Este principio también proyecta su eficacia en los procedimientos administrativos, como lo es muestra la existencia de un **orden de incoación y despacho de los expedientes**, *prior in tempore potior est in iure* o como garantía que ha de respetar el órgano instructor (LPAC art. 71.2).

Debemos también traer a colación los principios constitucionales aplicables al procedimiento. Así el Art. 105.c) de la CE Implica la garantía constitucional de la **existencia de unos trámites procedimentales** a través de los cuales se ha de formar la voluntad administrativa. De esta forma como garantía constitucional ha reconocido este principio la jurisprudencia del Tribunal Supremo al afirmar en torno al mismo que es una imposición constitucional prevista en Art. 105.c) de donde deriva el **carácter de orden público** de las normas que lo regulan (TS 7-3-88).

Legalidad (Art. 9.3 CE).**La Constitución garantiza el principio de legalidad**, la jerarquía normativa, la publicidad de las normas, la irretroactividad de las disposiciones sancionadoras no favorables o restrictivas de derechos individuales, la seguridad jurídica, la responsabilidad y **la interdicción de la arbitrariedad de los poderes públicos, vulnerar estos principios puede implicar nulidad del acto administrativo.**

Sobre la conexión entre el principio de legalidad y el procedimiento administrativo resulta obligada la cita referenciada del Tribunal Supremo, expresiva sobre el principio de legalidad genéricamente enunciado en la CE art. 9.3, de que tiene su específica proyección sobre la Administración pública en la CE art. 103.1 que impone a ésta el sometimiento pleno a la Ley y al Derecho (TS 24-7-89). De tal sometimiento derivan, en un primer plano, dos consecuencias fundamentales: que los actos administrativos se producen por el órgano competente y mediante el procedimiento en su caso establecido Art. 34 LPAC.

Objetividad (Art. 103.1 CE). La Administración ha de servir con objetividad a los **intereses generales** lo que obliga a una correcta ponderación de los intereses en juego, los particulares y el público, que se muestran en el curso formal del procedimiento administrativo.

Imparcialidad (Art. 103.3 CE). No es sino la consecuencia del principio anterior, lo cual genera un deber de los servidores de la función administrativa de actuación neutral sin tomar parte interesada en los intereses en juego, para lo que la Ley 40/2015 art. 23 y 24 regulan las causas de **abstención** y de **recusación**, cuya formulación generan la suspensión del curso del procedimiento administrativo (LPAC art. 74).

No indefensión y presunción de inocencia (Art. 24 CE). Dentro de los procedimientos administrativos, se muestran en una **doble vía**:

a) La **interpretación más favorable** ante el ejercicio de acciones y la subsanación de los defectos en que puedan estar incursas los solicitudes administrativas (LPAC 68 y 115.2).

b) La **recurribilidad universal** de todos los actos administrativos definitivos y aún los de trámite que decidan directa o indirectamente sobre el fondo del asunto, produzcan indefensión o causen una lesión a los derechos y libertades fundamentales (LPAC art. 112.1).

2.3. Concentración de trámites

De acuerdo con el **principio de simplificación administrativa**, se acordarán en un solo acto todos los trámites que, por su naturaleza, admitan un impulso simultáneo y no sea obligado su cumplimiento sucesivo.

Al solicitar los trámites que deban ser cumplidos por otros órganos, deberá consignarse en la comunicación cursada el plazo legal establecido al efecto.

2.4. *Cumplimento de trámites*

Los trámites que deban ser cumplimentados por los interesados deberán realizarse en el plazo de diez días a partir del siguiente al de la notificación del correspondiente acto, salvo en el caso de que en la norma correspondiente se fije plazo distinto.

En cualquier momento del procedimiento, cuando la Administración considere que alguno de los actos de los interesados no reúne los requisitos necesarios, lo pondrá en conocimiento de su autor, concediéndole un plazo de diez días para cumplimentarlo.

A los interesados que no cumplan lo dispuesto en los apartados anteriores, se les podrá declarar decaídos en su derecho al trámite correspondiente. No obstante, se admitirá la actuación del interesado y producirá sus efectos legales, si se produjera antes o dentro del día que se notifique la resolución en la que se tenga por transcurrido el plazo.

2.5. *Cuestiones incidentales*

Las cuestiones incidentales que se susciten en el procedimiento, incluso las que se refieran a la nulidad de actuaciones, no suspenderán la tramitación del mismo, salvo la recusación. (Art. 24 ley 40/2015)

Capítulo 5
PROCEDIMIENTO II

SUMARIO

2.7.2. *Acreditación del silencio (certificado o cualquier otro medio de prueba)*

2.7.3. *Silencio administrativo en procedimientos iniciados de oficio (art. 25)*

2.7.4. *Jurisprudencia del tribunal supremo restringiendo el silencio positivo*

3. Tramitación simplificada del procedimiento abreviado común

4. Ejecución de los actos administrativos

1. INSTRUCCIÓN DEL PROCEDIMIENTO

PROCEDIMIENTO ADMINISTRATIVO COMÚN — INSTRUCCIÓN

- **Disposiciones Generales**
  - * **Instrucción** (Art. 75) (Contradicción e Igualdad)
  - * **Alegaciones** (Art. 76)
- **Prueba**
  - - **Medios y períodos de prueba** (Art. 77)
  - - **Práctica de prueba** (Art. 78)
- **Informes**
  - **Petición** (Art. 79)
  - **Emisión** (Art. 80)
- **Participación de los interesados**
  - **Trámite de audiencia** (Art. 82)
  - **Información pública** (Art. 83)

1.1. Disposiciones generales

Instrucción (simplificación, publicidad, contradicción igualdad y mejor conveniencia para los interesados).

Los actos de instrucción se realizarán de oficio y a través de medios electrónicos, por el órgano que tramite el procedimiento, sin perjuicio del derecho de los interesados a proponer aquellas actuaciones que requieran su intervención o constituyan trámites legal o reglamentariamente establecidos.

Las aplicaciones y sistemas de información utilizados para la instrucción de los procedimientos deberán garantizar el control de los tiempos y plazos, la identificación de los órganos responsables y la tramitación ordenada de los expedientes, así como facilitar la **simplificación y la publicidad de los procedimientos.**

Los actos de instrucción que requieran la intervención de los interesados habrán de practicarse en la forma que **resulte más conveniente para ellos y sea compatible, en la medida de lo posible, con sus obligaciones laborales o profesionales.**

En cualquier caso, el órgano instructor adoptará las medidas necesarias para lograr el pleno respeto a los **principios de contradicción y de igualdad de los interesados en el procedimiento.**

Alegaciones. Los interesados podrán, en cualquier momento del procedimiento anterior al trámite de audiencia, aducir alegaciones y aportar documentos u otros elementos de juicio.

Unos y otros serán tenidos en cuenta por el órgano competente al redactar la correspondiente propuesta de resolución.

En todo momento podrán los interesados alegar los defectos de tramitación y, en especial, los que supongan paralización, infracción de los plazos preceptivamente señalados o la omisión de trámites que pueden ser subsanados antes de la resolución definitiva del asunto. Dichas alegaciones podrán dar lugar, si hubiere razones para ello, a la exigencia de la correspondiente responsabilidad disciplinaria.

1.2. Prueba

Los hechos relevantes para la decisión de un procedimiento podrán acreditarse por cualquier medio de prueba admisible en Derecho, cuya valoración se realizará de acuerdo con los criterios establecidos en la *Ley 1/2000, de 7 de enero, de Enjuiciamiento Civil,* el instructor del mismo acordará la apertura de un período de prueba por un plazo DE 10 A 30 DÍAS.

Se podrá decidir la apertura de un **período extraordinario de prueba** por un plazo no superior a 10 días.

Cuando la valoración de las pruebas practicadas pueda constituir el fundamento básico de la decisión que se adopte en el procedimiento, por ser pieza imprescindible para la correcta evaluación de los hechos, deberá incluirse en la propuesta de resolución, de lo contrario se podrá incurrir en nulidad de actuaciones.

1.3. Práctica de la prueba

La Administración comunicará a los interesados, con antelación suficiente, el inicio de las actuaciones necesarias para la realización de las pruebas que hayan sido admitidas.

En la notificación se consignará el lugar, fecha y hora en que se practicará la prueba, con la advertencia, en su caso, de que el interesado puede nombrar técnicos para que le asistan.

En los casos en que, a petición del interesado, deban efectuarse pruebas cuya realización implique gastos que no deba soportar la Administración, ésta podrá exigir el anticipo de los mismos, a reserva de la liquidación definitiva, una vez practicada la prueba. La liquidación de los gastos se practicará uniendo los comprobantes que acrediten la realidad y cuantía de los mismos.

1.4. Informes

Petición A efectos de la resolución del procedimiento, se solicitarán aquellos informes que sean preceptivos por las disposiciones legales, y los que se juzguen necesarios para resolver, citándose el precepto que los exija o fundamentando, en su caso, la conveniencia de reclamarlos.

Emisión de informes Salvo disposición expresa en contrario, los informes serán facultativos y no vinculantes.

Los informes serán emitidos a través de medios electrónicos en el plazo de 10 días, salvo excepciones[21].

21 De no emitirse el informe en el plazo señalado, y sin perjuicio de la responsabilidad en que incurra el responsable de la demora, se podrán proseguir las actuaciones salvo cuando se trate de un informe preceptivo, en cuyo caso se podrá suspender el transcurso del plazo máximo

1.5. *Participación*

1.5.1. Trámite de audiencia

Antes de redactar la propuesta de resolución, se pondrán de manifiesto a los interesados o, en su caso, a sus representantes, para lo que se tendrán en cuenta las limitaciones previstas en la ley de transparencia.

Los interesados, en un plazo de 10 a 15 días podrán alegar y presentar los documentos y justificaciones que estimen pertinentes.

Situaciones en las que se puede prescindir del trámite de audiencia:

- Si antes del vencimiento del plazo los interesados manifiestan su decisión de no efectuar alegaciones ni aportar nuevos documentos o justificaciones, se tendrá por realizado el trámite.
- Se podrá prescindir del trámite de audiencia cuando no figuren en el procedimiento ni sean tenidos en cuenta en la resolución otros hechos ni otras alegaciones y pruebas que las aducidas por el interesado.

1.5.2. Información pública

El órgano al que corresponda la resolución del procedimiento, cuando la naturaleza de éste lo requiera, podrá acordar un período de información pública.

A tal efecto, se publicará un anuncio en el Diario oficial correspondiente a fin de que cualquier persona física o jurídica pueda examinar el expediente, o la parte del mismo que se acuerde.

---

legal para resolver el procedimiento en los términos establecidos en la letra d) del apartado 1 del artículo 22.

Si el informe debiera ser emitido por una Administración Pública distinta de la que tramita el procedimiento en orden a expresar el punto de vista correspondiente a sus competencias respectivas, y transcurriera el plazo sin que aquél se hubiera emitido, se podrán proseguir las actuaciones.

El informe emitido fuera de plazo podrá no ser tenido en cuenta al adoptar la correspondiente resolución.

El anuncio señalará el lugar de exhibición, debiendo estar en todo caso a disposición de las personas que lo soliciten a través de medios electrónicos en la sede electrónica correspondiente, y determinará el plazo para formular alegaciones, que en ningún caso podrá ser inferior a veinte días.

La incomparecencia en este trámite no impedirá a los interesados interponer los recursos procedentes contra la resolución definitiva del procedimiento.

La comparecencia en el trámite de información pública no otorga, por sí misma, la condición de interesado. No obstante, quienes presenten alegaciones u observaciones en este trámite tienen derecho a obtener de la Administración una respuesta razonada, que podrá ser común para todas aquellas alegaciones que planteen cuestiones sustancialmente iguales.

2. FINALIZACIÓN DEL PROCEDIMIENTO

FINALIZACIÓN

PROCEDIMIENTO ADMINISTRATIVO COMÚN

- **Disposiciones Generales**
  - * **Terminación** (Art. 84)
  - * **Terminación P SAN**(Art. 85)
  - * **Terminación convencional** (Art. 86)
- **Resolución**
  - **Actuaciones complementarias** (Art. 87)
  - **Contenido** (Art. 88)
  - **Resolución P. San**
  - **Resolución R P AAPP**
- **Desistimiento y Renuncia**
  - **Des. Admon.** (Ar. 93)
  - **Deses y Renuncia** (Art. 94)
- **Caducidad**
  - **Requisitos y efectos** (Ar. 95)
- **Silencio**
  - **Positivo** (Art. 21.1)
  - **Negativo** (Art. 21.1 últim) (Art. 25.1 a)

2.1. *Disposiciones generales. Terminación*

Pondrán fin al procedimiento:

— La resolución
— El desistimiento
— La renuncia al derecho en que se funde la solicitud
— Terminación convencional
— La caducidad
— El Silencio administrativo.

2.2. *La resolución*

Antes de dictar resolución,se podrá decidir, motivadamente la realización de las actuaciones complementarias indispensables para resolver el procedimiento.

El interesado será notificado de esta decisión y dispone de un plazo de 7 días para alegaciones. El plazo total para realizar las actuaciones complementarias no será superior a 15 días.

El plazo para resolver el procedimiento quedará suspendido hasta la terminación de las actuaciones complementarias.

2.2.1. Contenido de la resolución

La resolución que ponga fin al procedimiento decidirá todas las cuestiones planteadas por los interesados y aquellas otras derivadas del mismo.

Cuando se trate de cuestiones conexas que no hubieran sido planteadas por los interesados, el órgano competente podrá pronunciarse sobre las mismas, poniéndolo antes de manifiesto a aquéllos por un plazo no superior a quince días, para que formulen las alegaciones que estimen pertinentes y aporten, en su caso, los medios de prueba.

En los procedimientos tramitados a solicitud del interesado, la resolución será congruente con las peticiones formuladas por éste, sin que en ningún caso pueda agravar su situación inicial y sin perjuicio de la potestad de la Administración de incoar de oficio un nuevo procedimiento, si procede.

Las resoluciones contendrán la decisión, que será **motivada** en los casos a que se refiere el artículo 35. Expresarán, además, **los recursos que contra la misma procedan**, órgano administrativo o judicial ante el que hubieran de presentarse y **plazo para interponerlos,** sin perjuicio de que los interesados puedan ejercitar cualquier otro que estimen oportuno.

Sin perjuicio de la forma y lugar señalados por el interesado para la práctica de las notificaciones, la **resolución del procedimiento se dictará electrónicamente** y garantizará la identidad del órgano competente, así como la autenticidad e integridad del documento que se formalice mediante el empleo de alguno de los instrumentos previstos en esta Ley.

En ningún caso podrá la Administración abstenerse de resolver so pretexto de silencio, oscuridad o insuficiencia de los preceptos legales aplicables al caso.

La aceptación de informes o dictámenes servirá de motivación a la resolución cuando se incorporen al texto de la misma.

Cuando la competencia para instruir y resolver un procedimiento no recaiga en un mismo órgano, **será necesario que el instructor eleve al órgano competente para resolver un propuesta de resolución.**

En **los procedimientos de carácter sancionador, la propuesta de resolución deberá ser notificada a los interesados.**

2.2.2. El deber de resolver

La **resolución** es el acto administrativo expreso que implica una manifestación de voluntad, que «decidirá todas las cuestiones planteadas por los interesados y aquellas otras derivadas del mismo» (Art. 88.1).

La forma normal o esperada de terminación del procedimiento consiste en la emisión, por el órgano competente, de una resolución definitiva sobre las cuestiones en él planteadas.

Este deber se consagra explícitamente en el artículo 21.1 de la LPAC, al decir que la Administración está obligada a dictar resolución expresa en todos los procedimientos, y a notificarla, cualquiera que sea su forma de iniciación.

La Ley en su artículo 88.5, establece que en ningún caso podrá la Administración abstenerse de resolver.

Sin embargo, muchas veces la Administración no es que resuelva fuera de plazo, sino que directamente no resuelve. Siendo un hecho muy frecuente y común que la Administración no se manifieste, provocando el paso del tiempo unos efectos que pueden ser:

Caducidad (en los procedimientos sancionadores y de gravamen, se produce la caducidad (art. 25.1 b) debiendo archivar el procedimiento, conforme art. 95 Ley 39/2015.

Silencio (positivo o negativo), este deber se consagra explícitamente en el artículo 21.1 de la LPAC, al decir que la Administración está obligada a dictar resolución expresa en todos los procedimientos, y a notificarla, cualquiera que sea su forma de iniciación.

El plazo máximo en el que debe notificarse la resolución expresa será el fijado por la norma reguladora del correspondiente procedimiento. Este plazo **no podrá exceder de seis meses** salvo que una norma con rango de ley establezca uno mayor o así venga previsto en el derecho de la Unión Europea (art. 21.2). Sin perjuicio de la forma y lugar señalados por el interesado para la práctica de las notificaciones, la resolución del procedimiento se dictará electrónicamente y garantizará la identidad del órgano competente, así como la autenticidad e integridad del documento (art. 88.4).

Cuando las normas reguladoras de los procedimientos no fijen el plazo máximo, este será de **tres meses**. Este plazo y los previstos en el epígrafe anterior se contarán (art. 21.3):

En los procedimientos iniciados de oficio, desde la fecha del acuerdo de iniciación.

En los iniciados a solicitud del interesado, desde la fecha en que la solicitud haya tenido entrada en el registro del órgano competente para su tramitación.

Las Administraciones **Públicas deben publicar y mantener actualizadas en el portal web,** a efectos informativos, **las relaciones de procedimientos de su competencia, con indicación de los plazos máximos de duración de los mismos**, así como de los efectos que **produzca el silencio administrativo.**

En todo caso, las Administraciones Públicas informarán a los interesados del **plazo máximo** establecido para la resolución de los procedimientos y para la notificación de los actos que les pongan término, así como de **los efectos que pueda producir el silencio administrativo**. Dicha mención se incluirá en la notificación o publicación del acuerdo de iniciación de oficio, o en la comunicación que se dirigirá al efecto al interesado dentro de los diez días siguientes a la recepción de la solicitud iniciadora del procedimiento en el registro electrónico de la Administración u Organismo competente para su tramitación.

2.3. Desistimiento

2.3.1. Desistimiento por la Administración

En los procedimientos iniciados de oficio, la Administración podrá desistir, motivadamente, en los supuestos y con los requisitos previstos en las Leyes.

2.3.2. Desistimiento del procedimiento por los interesados

Todo interesado podrá desistir de su solicitud o, cuando ello no esté prohibido por el ordenamiento jurídico. Afectando solamente a la persona que realiza dicha manifestación.

La Administración aceptará de plano el desistimiento o la renuncia, y declarará concluso el procedimiento salvo que, habiéndose personado en el mismo terceros interesados, instasen éstos su continuación en el plazo de diez días desde que fueron notificados del desistimiento o renuncia.

Si la cuestión suscitada por la incoación del procedimiento entrañase interés general o fuera conveniente sustanciarla para su definición y esclarecimiento, la Administración podrá limitar los efectos del desistimiento o la renuncia al interesado y seguirá el procedimiento.

2.4. *Renuncia de derechos*

Todo interesado podrá renuncia a sus derechos, cuando ello no esté prohibido por el ordenamiento jurídico, renunciar a sus derechos. Afectando solamente a la persona que realiza dicha manifestación.

La Administración aceptará de plano a renuncia, y declarará concluso el procedimiento salvo que, habiéndose personado en el mismo terceros interesados, instasen éstos su continuación en el plazo de diez días desde que fueron notificados de la renuncia.

Si la cuestión suscitada por la incoación del procedimiento entrañase interés general o fuera conveniente sustanciarla para su definición y esclarecimiento, la Administración podrá limitar los efectos de la renuncia al interesado y seguirá el procedimiento.

2.5. *Terminación convencional*

Las Administraciones Públicas podrán celebrar:

- acuerdos,
- pactos,
- convenios o
- contratos con personas tanto de Derecho público como privado.

Siempre que **no sean contrarios al ordenamiento jurídico** ni versen sobre **materias no susceptibles de transacción** y tengan por objeto satisfacer el **interés público** que tienen encomendado, con el alcance, efectos y régimen jurídico específico que, en su caso, prevea la disposición que lo regule, pudiendo tales actos tener la consideración de finalizadores de los procedimientos administrativos o insertarse en los mismos con carácter previo, vinculante o no, a la resolución que les ponga fin.

Los citados instrumentos deberán establecer como **contenido mínimo**:

— la identificación de las partes intervinientes,
— el ámbito personal, funcional y territorial,
— el plazo de vigencia, debiendo publicarse o no según su naturaleza y las personas a las que estuvieran destinados.

Requerirán en todo caso la **aprobación expresa del Consejo de Ministros u órgano equivalente de las Comunidades Autónomas**, los acuerdos que versen sobre materias de la competencia directa de dicho órgano.

Los acuerdos que se suscriban no supondrán alteración de las competencias atribuidas a los órganos administrativos, ni de las responsabilidades que correspondan a las autoridades y funcionarios, relativas al funcionamiento de los servicios públicos.

En los casos de procedimientos de responsabilidad patrimonial, el acuerdo alcanzado entre las partes **deberá fijar la cuantía y modo de indemnización** de acuerdo con los criterios que para calcularla y abonarla establece el artículo 34 de la Ley de Régimen Jurídico del Sector Público.

2.6. Caducidad

En los procedimientos iniciados a solicitud del interesado, cuando se produzca su paralización por causa imputable al mismo, la Administración le advertirá que, transcurridos tres meses, se producirá la caducidad del procedimiento. Consumido este plazo sin que el particular requerido realice las actividades necesarias para reanudar la tramitación, la Administración acordará el archivo de las actuaciones, notificándoselo al interesado. Contra la resolución que declare la caducidad procederán los recursos pertinentes.

No podrá acordarse la caducidad por la simple inactividad del interesado en la cumplimentación de trámites, siempre que no sean indispensables para dictar resolución. Dicha inactividad no tendrá otro efecto que la pérdida de su derecho al referido trámite.

3. La caducidad no producirá por sí sola la prescripción de las acciones del particular o de la Administración, pero los procedimientos caducados no interrumpirán el plazo de prescripción.

En los casos en los que sea posible la iniciación de un nuevo procedimiento por no haberse producido la prescripción, podrán incorporarse a éste los actos y trámites cuyo contenido se hubiera mantenido igual de no haberse producido la caducidad. En todo caso, en el nuevo procedimiento deberán cumplimentarse los trámites de alegaciones, proposición de prueba y audiencia al interesado.

4. Podrá no ser aplicable la caducidad en el supuesto de que la cuestión suscitada afecte al interés general, o fuera conveniente sustanciarla para su definición y esclarecimiento.

Caducidad de lo Procedimientos sancionadores (Art. 25.1 b)

En los procedimientos en que la Administración ejercite potestades sancionadoras o, en general, de intervención, susceptibles de producir efectos desfavorables o de gravamen, se producirá la caducidad. En estos casos, la resolución que declare la caducidad ordenará el archivo de las actuaciones, con los efectos previstos en el artículo 95.

2.7. Silencio administrativo

En el caso de que la Administración no resuelva el procedimiento en el plazo máximo establecido, se producirá **la caducidad o el silencio** en función del tipo de procedimiento:

En caso de un procedimiento de gravamen (que siempre es iniciado de oficio), la Administración decretará la **caducidad** (artículo 251b) de la Ley 39/2015).y el consiguiente archivo del expediente (Art. 95 ley 39/2015).

En el resto de casos se producirá Silencio Administrativo. Se puede definir **el silencio** como una técnica establecida por la ley ante la falta de resolución en plazo de los procedimientos administrativos, mediante la cual se pueden entender estimadas (silencio positivo) o desestimadas (silencio negativo) las peticiones dirigidas a la Administración.

Al principio el Silencio, tenía como única finalidad evitar que la inactividad de la administración ante una petición o recurso impidiera acudir a los tribunales. El silencio era una ficción que permitía entender desestimada la petición a los efectos de interponer recurso administrativo o contencioso administrativo.

La introducción del Silencio Administrativo positivo mediante la Ley 30/92 y su modificación por la Ley 4/1999, con el fin de aumentar las garantías del administrado, e intentando generalizar la idea de que todo silencio era positivo salvo que una norma dijera lo contrario generó en su momento confusión, listados interminables de procedimientos con el plazo máximo de duración de los mismos así como sus efectos. Ver (DA 29 Ley14/2000Anexo1y2)vertambiénAnexo1RDLey8/2011 (BOE 7 de Julio) respecto de la Administración General del Estado. Habrá que estar a la legislación específica de Cada Comunidad Autónoma, para conocer el plazo y los efectos del silencio.

Actualmente el art. 21.4 de la Ley 39/2015 establece:

Las Administraciones Públicas deben publicar y mantener actualizadas en el portal web, a efectos informativos, **las relaciones de procedimientos de su competencia**, con indicación de los **plazos máximos de duración de los mismos**, así como de los efectos que produzca el **silencio administrativo**.

En todo caso, **las Administraciones Públicas informarán** a los interesados **del plazo máximo** establecido para la resolución de los procedimientos y para la notificación de los actos que les pongan término, así como de **los efectos que pueda producir el silencio administrativo.** Dicha mención se incluirá en la **notificación o publicación del acuerdo de iniciación de oficio,** o en la comunicación que se dirigirá al efecto al interesado dentro de los diez días siguientes a la recepción de la solicitud iniciadora del procedimiento en el registro electrónico de la Administración u Organismo competente para su tramitación.

2.7.1. Silencio administrativo en procedimientos iniciados a solicitud del interesado (art. 24)

En los procedimientos iniciados a solicitud del interesado, sin perjuicio de la resolución que la Administración debe dictar en la forma prevista en el apartado 3 de este artículo, el vencimiento del plazo máximo sin haberse notificado resolución expresa, legitima al interesado o interesados para **entenderla estimada por silencio administrativo:**

Excepto (Silencio negativo)

1º Norma con rango de ley o una Norma de Derecho de la Unión Europea o de Derecho internacional aplicable en España establezcan lo contrario (Silencio Negativo).

2º Cuando el procedimiento tenga por objeto el acceso a actividades o su ejercicio.

3º Derecho de petición, a que se refiere el artículo 29 de la Constitución.

4º Aquellos cuya estimación[22] tuviera como consecuencia que se transfirieran al solicitante o a terceros facultades relativas al dominio público o al servicio público, impliquen el ejercicio de actividades que puedan dañar el medio ambiente y en los procedimientos de responsabilidad patrimonial de las Administraciones Públicas.

5º Procedimientos de impugnación de actos y disposiciones y en los de revisión de oficio iniciados a solicitud de los interesados.

---

22 Artículo 47 Nulidad de pleno derecho. **1.** Los actos de las Administraciones Públicas son nulos de pleno derecho en los casos siguientes:

f) Los actos expresos o presuntos contrarios al ordenamiento jurídico por los que se adquieren facultades o derechos cuando se carezca de los requisitos esenciales para su adquisición.

No obstante, cuando el recurso de alzada se haya interpuesto contra la desestimación por silencio administrativo de una solicitud por el transcurso del plazo, se entenderá estimado el mismo si, llegado el plazo de resolución, el órgano administrativo competente no dictase y notificase resolución expresa, siempre que no se refiera a las materias enumeradas en el párrafo anterior de este apartado.

6º Jurisprudencia del Tribunal Supremo restringiendo el Silencio Positivo. (desarrollado en su propio apartado.

La estimación por silencio administrativo tiene a todos los efectos la consideración de acto administrativo finalizador del procedimiento.

En los casos de estimación por silencio administrativo, la resolución expresa posterior a la producción del acto sólo podrá dictarse de ser confirmatoria del mismo.

2.7.2. Acreditación del silencio (certificado o cualquier otro medio de prueba)

Los actos administrativos producidos por silencio administrativo se podrán hacer valer tanto ante la Administración como ante cualquier persona física o jurídica, pública o privada. Los mismos producen efectos desde el vencimiento del plazo máximo en el que debe dictarse y notificarse la resolución expresa sin que la misma se haya expedido, y su existencia **puede ser acreditada por cualquier medio de prueba admitido en Derecho**, incluido el **certificado acreditativo del silencio producido**.

Este **certificado se expedirá de oficio** por el órgano competente para resolver en el plazo de quince días desde que expire el plazo máximo para resolver el procedimiento.

El **interesado podrá pedirlo en cualquier momento**, computándose el plazo indicado anteriormente desde el día siguiente a aquél en que la petición tuviese entrada en el registro electrónico de la Administración u Organismo competente para resolver.

La desestimación por silencio administrativo tiene los solos efectos de permitir a los interesados la interposición del recurso administrativo o contencioso-administrativo que resulte procedente.

En los casos de desestimación por silencio administrativo, la resolución expresa posterior al vencimiento del plazo se adoptará por la Administración sin vinculación alguna al sentido del silencio.

2.7.3. Silencio administrativo en procedimientos iniciados de oficio (art. 25)

En los procedimientos iniciados de oficio, el vencimiento del plazo máximo establecido sin que se haya dictado y notificado resolución produciendo los siguientes efectos:

a) En el caso de procedimientos de los que pudiera derivarse el reconocimiento o, en su caso, la constitución de derechos u otras situaciones jurídicas favorables, los interesados que hubieren comparecido podrán entender **desestimadas sus pretensiones por silencio administrativo.**

b) En los procedimientos en que la Administración ejercite potestades sancionadoras o, en general, de intervención, susceptibles de producir efectos desfavorables o de gravamen, **se producirá la caducidad**. En estos casos, la resolución que declare la caducidad ordenará el archivo de las actuaciones, con los efectos previstos en el artículo 95.

2.7.4. Jurisprudencia del tribunal supremo restringiendo el silencio positivo

Tribunal Supremo en sus sentencias ha ido matizando los presupuesto del silencio administrativo y cercenado la idea de que el Silencio positivo es la regla general, manteniendo un sistema de silencio con un efecto concreto (positivo o negativo).

Así por ejemplo c**uando las peticiones no se articulan en un procedimiento predeterminado, que podría dar lu-**

gar a peticiones desproporcionadas e ilógicas. Sentencia del TS de 14 de Octubre de 2013 (rec. 2007/2012)[23].

Cuando por silencio positivo se pretende la regulación de un aspecto de un servicio público, en el que hay correlación con las potestades de la Administración. Así lo establece la sentencia del TS de 25 de Junio de 2014 (rec. 3111/2012)[24].

No se puede adquirir por silencio positivo derechos cuando se carezcan de los requisitos esenciales para su adquisición. (ahora recogido en el art. 24.1 ley 39/2015) sentencia del TS del 7 de octubre de 2014 (rec. 3887/2012)[25].

---

23 "La tesis de la sentencia de instancia parte de una apreciación que esta Sala considera equivocada, la de considerar que cualquier petición del administrado da lugar o debe dar lugar, a "un procedimiento iniciado a solicitud del interesado", de modo que si no se contesta por la Administración en el plazo máximo establecido por resolver, debe considerarse estimada por silencio, en aplicación del artículo 43.2 de la Ley 30/1992(LPAC).

(...) El escenario que contempla el legislador para regular el sentido del silencio no es un escenario de peticiones indiscriminadas a la Administración sino de peticiones que pueden reconducirse a alguno de los procedimientos detectados e individualizados".

24 "... A diferencia del silencio negativo, el silencio positivo no tiene su fundamento en una simple fictio iuris en orden a la ulterior tutela judicial, sino que se basa en que la disponibilidad sobre la actividad de que se trate pertenece al sujeto que se dirige en petición a la Administración, por lo que no cabe extender de ninguna manera el efecto estimatorio del silencio a los supuestos en los que la solicitante, como sucede en el caso de autos, pretende la regulación de un aspecto del servicio público de la educación, en concreto, el referido a la programación planificada de las enseñanzas de idiomas en los centros docentes, cuya titularidad no le pertenece pues se integra en una potestad de la Administración".

25 "Se basa este recurso de casación en cinco motivos, formulados todos ellos al amparo del art. 88.1.d) LJCA. En el motivo primero, se alega infracción de los arts. 42 y 43 LRJ-PAC. Sostiene la recurrente que la sentencia impugnada yerra al considerar que CEADE no había obtenido la preceptiva autorización mediante silencio positivo, pues la disposición adicional 29ª de la Ley 14/2000 excluye del silencio positivo los procedimientos "relativos a la expedición, renovación, revalidación, homologación, convalidación y reconocimiento de títulos"; lo que no incluye los procedimientos de autorización de centros radicados en España que imparten estudios extranjeros. Este argumento de la recu-

Tampoco cabe el silencio positivo en aquellos supuesto en donde la existencia de terceros y su derecho a audiencia pudieran verse afectados por una actuación positiva presunta. Queda así reflejado en la sentencia del TS de 28 de Octubre de 2014 (rec. 4766/2011)[26].

---

rrente no puede ser acogido. Aun siendo cierto que la mencionada disposición adicional 29ª de la Ley 14/2000 no hace referencia expresa al procedimiento conducente a obtener la autorización aquí debatida, es muy claro que la razón de ser principal –si no única– de dicha autorización estriba en ser, con arreglo a la nueva regulación introducida por los arts. 86 de la Ley Orgánica 6/2001 y el art. 5 del Real Decreto 285/2004, un requisito imprescindible para que los títulos expedidos por esa clase de centros sean homologables en España. Y en estas circunstancias, no cabe razonablemente afirmar que la solicitud de la preceptiva autorización exigida por los arts. 86 de la Ley Orgánica 6/2001 y el art. 5 del Real Decreto 285/2004 sea ajena a los procedimientos que la disposición adicional 29ª de la Ley 14/2000 excluye del silencio positivo. Las razones dadas a este respecto por la sentencia impugnada son, así, correctas; lo que conduce a la desestimación del motivo primero de este recurso de casación".

26 "(...) En este sentido, no falta razón a la sentencia impugnada cuando señala que la solicitud de la recurrente estaba inserta dentro del procedimiento arbitral, por no tener realmente un significado autónomo con respecto a aquél. De aquí que, habiendo concluido el procedimiento arbitral mediante una resolución administrativa que adquirió firmeza, el recurso de alzada contra la desestimación presunta de la solicitud de la recurrente era efectivamente inadmisible, por tratarse de un mero incidente acaecido dentro de aquel procedimiento arbitral. La conclusión a que debe llegarse es, así, que la sentencia impugnada interpretó y aplicó correctamente el art. 43 LRJ-PAC. (...) la finalidad perseguida con la solicitud de 6 de junio de 2009 no era tanto el reconocimiento de un derecho de la recurrente, como la supresión de una situación jurídica favorable –esto es, la formulación de productos fitosanitarios que contienen fosetil– en que ellas se encontraban. Y esta supresión de la situación jurídica favorable de terceros se produciría, de acogerse la tesis de la recurrente sobre el silencio administrativo positivo, sin que las personas afectadas hubieran sido oídas dándoles la oportunidad de defender sus intereses. La audiencia del interesado, máxime cuando puede verse privado de un derecho o interés, es un principio general del procedimiento administrativo con anclaje en el art. 105 CE, que no puede ser soslayado. Ello significa que, a la hora de determinar el alcance del silencio administrativo positivo, no puede pasarse por alto si las personas eventualmente afectadas han tenido ocasión de hacerse oír. Por todo ello, le motivo primero de este recurso de casación debe ser desestimado".

3. TRAMITACIÓN SIMPLIFICADA DEL PROCEDIMIENTO ABREVIADO COMÚN

PROCEDIMIENTO

TRAMITACIÓN SIMPLIFICADA PROCEDIMIENTO ADMINISTRATIVO COMÚN (un mes)

— Iniciación y/o alegaciones
— Subsanación
— Trámite audiencia si resolución fuera desfavorable interesado
— Informes o dictámenes en su caso
— Resolución

Cuando por falta de complejidad del procedimiento lo permitan las Administraciones Públicas podrán acordar, de oficio o a solicitud del interesado, la tramitación simplificada del procedimiento en el plazo de 30 días.

Se podrá cambiar de procedimiento simplificado al ordinario y viceversa notificándolo al interesado de forma motivada En caso de tener que realizar algún trámite no incluido en el apartado 96.6, deberá tramitarse como ordinario.

Constarán únicamente de los siguientes trámites:

a) Inicio del procedimiento de oficio o a solicitud del interesado.

b) Subsanación de la solicitud presentada, **en su caso.**

c) Alegaciones formuladas al inicio del procedimiento durante el plazo de cinco días.

d) Trámite de audiencia, únicamente **cuando la resolución vaya a ser desfavorable para el interesado.**

e) Informe dèl servicio jurídico, **cuando éste sea preceptivo.**

f) Informe del Consejo General del Poder Judicial, **cuando éste sea preceptivo**.

g) Dictamen del Consejo de Estado u órgano consultivo equivalente de la Comunidad Autónoma **en los casos en que sea preceptivo.**

h) Resolución.

Procedimiento Simplificado en Materia de Responsabilidad patrimonial. En el caso de procedimientos en materia de responsabilidad patrimonial de las Administraciones Públicas, si **una vez iniciado el procedimiento administrativo el órgano competente para su tramitación considera inequívoca la relación de causalidad entre el funcionamiento del servicio público y la lesión, así como la valoración del daño y el cálculo de la cuantía de la indemnización**, podrá acordar de oficio la suspensión del procedimiento general y la iniciación de un procedimiento simplificado.

Procedimiento Simplificado para infracciones leves. En el caso de procedimientos de naturaleza sancionadora, se podrá adoptar la tramitación simplificada del procedimiento cuando el órgano competente para iniciar el procedimiento considere que, de acuerdo con lo previsto en su normativa reguladora, **existen elementos de juicio suficientes para calificar la infracción como leve,** sin que quepa la oposición expresa por parte del interesado prevista en el apartado 2.

4. EJECUCIÓN DE LOS ACTOS ADMINISTRATIVOS

Los actos[27] de las Administraciones Públicas sujetos al Derecho Administrativo serán inmediatamente ejecutivos, salvo que:

a) Se produzca la suspensión de la ejecución del acto.

b) Se trate de una resolución de un procedimiento de naturaleza sancionadora contra la que quepa

---

27 Artículo 97 Título

Las Administraciones Públicas no iniciarán ninguna actuación material de ejecución de resoluciones que limite derechos de los particulares sin que previamente haya sido adoptada la resolución que le sirva de fundamento jurídico.

El órgano que ordene un acto de ejecución material de resoluciones estará obligado a notificar al particular interesado la resolución que autorice la actuación administrativa.

algún recurso en vía administrativa, incluido el potestativo de reposición.

c) Una disposición establezca lo contrario.

d) Se necesite aprobación o autorización superior.

Cuando de una resolución administrativa, o de cualquier otra forma de finalización del procedimiento administrativo prevista en esta ley, nazca una obligación de pago derivada de una sanción pecuniaria, multa o cualquier otro derecho que haya de abonarse a la Hacienda pública, éste se efectuará preferentemente, salvo que se justifique la imposibilidad de hacerlo, utilizando alguno de los medios electrónicos siguientes:

a) Tarjeta de crédito y débito.

b) Transferencia bancaria.

c) Domiciliación bancaria.

d) Cualesquiera otros que se autoricen por el órgano competente en materia de Hacienda Pública.

Ejecución forzosa

Las Administraciones Públicas, a través de sus órganos competentes en cada caso, podrán proceder, previo apercibimiento, a la ejecución forzosa de los actos administrativos, salvo en los supuestos en que se suspenda la ejecución de acuerdo con la Ley, o cuando la Constitución o la Ley exijan la intervención de un órgano judicial.

No se admitirán a trámite acciones posesorias contra las actuaciones de los órganos administrativos realizadas en materia de su competencia y de acuerdo con el procedimiento legalmente establecido. (Art. 105)

La ejecución forzosa por las Administraciones Públicas se efectuará, respetando siempre el principio de proporcionalidad, por los siguientes medios:

a) Apremio sobre el patrimonio.[28]

28 Artículo 101 Apremio sobre el patrimonio

1. Si en virtud de acto administrativo hubiera de satisfacerse cantidad líquida se seguirá el procedimiento previsto en las normas reguladoras del procedimiento de apremio.

b) Ejecución subsidiaria.[29]
c) Multa coercitiva.[30]
d) Compulsión sobre las personas.[31]

Si fueran varios los medios de ejecución admisibles se elegirá el menos restrictivo de la libertad individual.

Si fuese necesario entrar en el domicilio del afectado o en los restantes lugares que requieran la autorización de su titular, las Administraciones Públicas deberán obtener el consentimiento del mismo o, en su defecto, la oportuna autorización judicial.

---

2. En cualquier caso no podrá imponerse a los administrados una obligación pecuniaria que no estuviese establecida con arreglo a una norma de rango legal.

29 Artículo 102 Ejecución subsidiaria

1. Habrá lugar a la ejecución subsidiaria cuando se trate de actos que por no ser personalísimos puedan ser realizados por sujeto distinto del obligado.

2. En este caso, las Administraciones Públicas realizarán el acto, por sí o a través de las personas que determinen, a costa del obligado.

3. El importe de los gastos, daños y perjuicios se exigirá conforme a lo dispuesto en el artículo anterior.

4. Dicho importe podrá liquidarse de forma provisional y realizarse ante de las ejecución a reserva de la liquidación definitiva.

30 Artículo 103 Multa coercitiva Cuando así lo autoricen las Leyes, y en la forma y cuantía que éstas determinen, las Administraciones Públicas pueden, para la ejecución de determinados actos, imponer multas coercitivas, reiteradas por lapsos de tiempo que sean suficientes para cumplir lo ordenado, en los siguientes supuestos:

a) Actos personalísimos en que no proceda la compulsión directa sobre la persona del obligado.

b) Actos en que, procediendo la compulsión, la Administración no la estimara conveniente.

c) Actos cuya ejecución pueda el obligado encargar a otra persona.

La multa coercitiva es independiente de las sanciones que puedan imponerse con tal carácter y compatible con ellas.

31 Artículo 104 Compulsión sobre las personas

1. Los actos administrativos que impongan una obligación personalísima de no hacer o soportar podrán ser ejecutados por compulsión directa sobre las personas en los casos en que la ley expresamente lo autorice, y dentro siempre del respeto debido a su dignidad y a los derechos reconocidos en la Constitución.

2. Si, tratándose de obligaciones personalísimas de hacer, no se realizase la prestación, el obligado deberá resarcir los daños y perjuicios, a cuya liquidación y cobro se procederá en vía administrativa.

Capítulo 6
REVISIÓN DE LOS ACTOS Y RECURSOS ADMINISTRATIVOS

La revisión de un acto es volver a examinar el mismo para modificarlo o dejarlo sin efecto. La revisión pueden hacerla los tribunales de Justicia o la propia Administración que es lo que vamos a tratar aquí.

La revisión puede basarse en infracciones del ordenamiento o error. También puede revocar o cambiar los actos desfavorables contra los ciudadanos, siempre que no sea contrario al principio de igualdad, interés público o al ordenamiento jurídico.

Límites de la revisión (Art. 110)

Las facultades de revisión establecidas en este Capítulo, no podrán ser ejercidas cuando por prescripción de acciones, por el tiempo transcurrido o por otras circunstancias, su ejercicio resulte contrario:

— a la equidad,
— a la buena fe,
— al derecho de los particulares,
— a las leyes.

1. REVISIÓN DE OFICIO DE LOS ACTOS

REVISIÓN OFICIO ACTOS ADMINISTRATIVOS

* **Revisión actos nulos** (Art. 106)
* **Revisión actos anulables** (Art. 107)
* **Revocación** (Art. 109.1)
* **Rectificación errores** (Art. 109.2)

1.1. Revisión actos nulos (art. 106)

Las Administraciones Públicas, en cualquier momento, por iniciativa propia o a solicitud de interesado, y previo dictamen favorable del Consejo de Estado u órgano consultivo equivalente de la Comunidad Autónoma, si lo hubiere, **declararán de oficio la nulidad de los actos administrativos que hayan puesto fin a la vía administrativa o que no hayan sido recurridos en plazo, en los supuestos previstos en el artículo 47.1.**

Requisitos Subjetivos

En el ámbito estatal, serán competentes para la revisión de oficio de las disposiciones y los actos administrativos nulos y anulables:

a) El Consejo de Ministros, respecto de sus propios actos y disposiciones y de los actos y disposiciones dictados por los Ministros.

b) En la Administración General del Estado:

1.º Los Ministros, respecto de los actos y disposiciones de los Secretarios de Estado y de los dictados por órganos directivos de su Departamento no dependientes de una Secretaría de Estado.

2.º Los Secretarios de Estado, respecto de los actos y disposiciones dictados por los órganos directivos de ellos dependientes.

c) En los Organismos públicos y entidades derecho público vinculados o dependientes de la Administración General del Estado:

1.º Los órganos a los que estén adscritos los Organismos públicos y entidades de derecho público, respecto de los actos y disposiciones dictados por el máximo órgano rector de éstos.

2.º Los máximos órganos rectores de los Organismos públicos y entidades de derecho público, respecto de los actos y disposiciones dictados por los órganos de ellos dependientes.

Estarán legitimados para instar el procedimiento los que ostente un derecho o interés, o se puedan ver afectados, o cualquiera en los supuestos en que se reconozca la acción pública.

Requisitos Objetivos

Pueden ser objetivo de declaración de nulidad – si incurre en los supuesto del (Art. 47.1)

— Los actos administrativos que hayan puesto fin a la vía administrativa

— Que no hayan sido recurridos en plazo.

Plazos

Podrá declararse la nulidad en cualquier momento (Art. 106.1) con los límites del Art. 110 que hemos visto más arriba.

Procedimiento

Inicio

Puede iniciarse de oficio y a instancia del interesado.

El órgano competente para la revisión de oficio podrá acordar motivadamente la **inadmisión a trámite** de las solicitudes formuladas por los interesados, sin necesidad de recabar Dictamen del Consejo de Estado u órgano consultivo de la Comunidad Autónoma, cuando las mismas no se basen en alguna de las causas de nulidad del artículo 47.1 o carezcan manifiestamente de fundamento, así como en el supuesto de que se hubieran desestimado en cuanto al fondo otras solicitudes sustancialmente iguales.

El órgano competente podrá suspender la ejecución del acto (Art. 108) si éste pudiera causar perjuicios de difícil o imposible reparación.

Instrucción

Son trámites esenciales la audiencia de los interesados y el dictamen del Consejo de Estado –Actos de la Administración General del Estado– o del órgano consultivo de la Comunidad Autónoma de la que dimane el acto (Art. 106).

Terminación

El procedimiento termina normalmente por la resolución que declara la nulidad si el órgano consultivo informó favorablemente y podrá establecer las indemnizaciones que proceda.

Las Administraciones Públicas, al declarar la nulidad de una disposición o acto, podrán establecer, en la misma resolución, las indemnizaciones que proceda reconocer a los interesados, si se dan las circunstancias previstas en los artículos 32.2 y 34.1 de la Ley de Régimen Jurídico del Sector Público

Cuando el procedimiento se hubiera iniciado de oficio, el transcurso del **plazo de seis meses desde su inicio sin dictarse resolución producirá la caducidad** del mismo. Si el procedimiento se hubiera iniciado a solicitud de interesado, se podrá entender la misma desestimada por **silencio administrativo**.

Efectos

La resolución que declara la nulidad pone fin a la vía administrativa (Art. 114.c) producirá los efectos propios de la nulidad y podría interponerse Recurso contencioso Administrativo si interesara al alguna de la partes.

Podrá contener, las indemnizaciones que proceda reconocer a los interesados.

1.2. Revisión actos anulables. Declaración de lesividad (art. 107)

La declaración de lesividad es el acto administrtivo por el que un Administración pública declara lesivo para el interés público un acto dictado por ella misma, para incoar un proceso Contencioso-Administrativo cuyo objeto es la anulación.

Por ejemplo se concede una beca, se abona una cantidad y posteriormente se detecta un fraude o la improcedencia de esa beca. No pueda anularse sin más y reclamar la devolución del dinero. La Administración tiene que declarar lesivo el acto, y posteriormente acudir a la vía Judicial demandando la nulidad.

La declaración de lesividad es, por tanto un acto administrativo de naturaleza especial, en cuanto que únicamente produce efectos en el ámbito procesal.

Requisitos Subjetivos

Competencia (Art. 107.4 y 5)

Es necesario que la lesividad se declare por un órgano de la propia Administración (AGE, Autonómica, o local) que dictó el acto, que posteriormente será demandante ante los tribunales.

Requisitos Objetivos

Pueden ser objeto de declaración cualquier acto administrativo –no disposiciones de carácter general– que han devenido firmes y generadores de derechos para el ciudadano y que sean anulables conforme a lo dispuesto en el artículo 48, previa su declaración de lesividad para el interés público.

Plazo

La declaración de lesividad no podrá adoptarse una vez transcurridos cuatro años desde que se dictó el acto administrativo (Art. 107.2).

Procedimiento

Inicio. Se Inicia de oficio, de conformidad a lo dispuesto en el art. 58 LPAC. El órgano competente podrá suspender la ejecución del acto (Art. 108) si éste pudiera causar perjuicios de difícil o imposible reparación

Tramitación. Se exigirá la previa audiencia de cuantos aparezcan como interesados en el mismo, en los términos establecidos por el artículo 82.

Terminación. El procedimiento termina con la declaración que adoptará la forma en cada caso exigida según el órgano que emane.

Efectos

La declaración de lesividad, produce los efectos normales de autorizar la admisión y tramitación del proceso Contencioso. Será el órgano jurisdiccional el que tendrá que declarar si efectivamente existe lesión y en consecuencia anular el acto objeto de la misma.

1.3. Revocación de actos (art. 109.1)

Las Administraciones Públicas podrán revocar, mientras no haya transcurrido el plazo de prescripción, sus actos de gravamen o desfavorables, siempre que tal revocación no constituya dispensa o exención no permitida por las leyes, ni sea contraria al principio de igualdad, al interés público o al ordenamiento jurídico.

1.4. Rectificación de errores (art. 109.2)

Las Administraciones Públicas podrán, asimismo, rectificar en cualquier momento, de oficio o a instancia de los interesados, los errores materiales, de hecho o aritméticos existentes en sus actos.

2. RECURSOS ADMINISTRATIVOS

RECURSOS ADMINISTRATIVOS

* **Revisión de alzada** (Art. 121)
* **Recurso potestativo de reposición** (Art. 123)
* **Recurso extraordinario revisión** (Art. 125)

Los recursos administrativos son el ejercicio de impugnación contra un acto de la una administración que lesiona derechos o intereses del interesado y que se presenta y resuelve ante el propio organismo o el superior jerárquico que lo dictó.

También se puede recurrir contra los actos de trámite, si estos últimos deciden directa o indirectamente el fondo del asunto, determinan la imposibilidad de continuar el procedimiento, producen indefensión o perjuicio irreparable a derechos e intereses legítimos, podrán interponerse por los interesados los recursos de alzada y potestativo de reposición, que cabrá fundar en cualquiera de los motivos de nulidad o anulabilidad previstos en los artículos 47 y 48 de esta Ley.

Debemos averiguar si el acto administrativo pone fin o no a la vía administrativa, lo cual se establece en el art. 114 de la Ley 39/2015.

Ponen fin a la vía administrativa:

a) Las resoluciones de los recursos de alzada.

b) Las resoluciones de los procedimientos a que se refiere el artículo 112.2.

c) Las resoluciones de los órganos administrativos que carezcan de superior jerárquico, salvo que una Ley establezca lo contrario.

d) Los acuerdos, pactos, convenios o contratos que tengan la consideración de finalizadores del procedimiento.

e) La resolución administrativa de los procedimientos de responsabilidad patrimonial, cualquiera que fuese el tipo de relación, pública o privada, de que derive.

f) La resolución de los procedimientos complementarios en materia sancionadora a los que se refiere el artículo 90.4.

g) Las demás resoluciones de órganos administrativos cuando una disposición legal o reglamentaria así lo establezca.

Además de lo previsto en el apartado anterior, en el ámbito estatal ponen fin a la vía administrativa los actos y resoluciones siguientes:

a) Los actos administrativos de los miembros y órganos del Gobierno.

b) Los emanados de los Ministros y los Secretarios de Estado en el ejercicio de las competencias que tienen atribuidas los órganos de los que son titulares.

c) Los emanados de los órganos directivos con nivel de Director general o superior, en relación con las competencias que tengan atribuidas en materia de personal.

d) En los Organismos públicos y entidades derecho público vinculados o dependientes de la Administración General del Estado, los emanados de los máximos órganos de dirección unipersonales o colegiados, de acuerdo con lo que establezcan sus estatutos, salvo que por ley se establezca otra cosa.

La ley establece dos recursos administrativos ordinarios, uno el de Alzada, como requisito para agotar la vía administrativa y otro el de Reposición (potestativa) contra los acto que agotan la vía administrativa.

Sustitución de Recursos

Las leyes podrán sustituir el recurso de alzada, en supuestos o ámbitos sectoriales determinados, y cuando la especificidad de la materia así lo justifique, por otros procedimientos de impugnación, reclamación, conciliación, mediación y arbitraje, ante órganos colegiados o Comisiones específicas no sometidas a instrucciones jerárquicas, con respeto a los principios, garantías y plazos que la presente Ley reconoce a las personas y a los interesados en todo procedimiento administrativo.

El recurso de reposición podrá ser sustituido por los procedimientos a que se refiere el párrafo anterior, respetando su carácter potestativo para el interesado.

Procedimiento

Interposición de recurso

1. La interposición del recurso deberá expresar:
   a) El nombre y apellidos del recurrente, así como la identificación personal del mismo.
   b) El acto que se recurre y la razón de su impugnación.
   c) Lugar, fecha, firma del recurrente, identificación del medio y, en su caso, del lugar que se señale a efectos de notificaciones.
   d) Órgano, centro o unidad administrativa al que se dirige y su correspondiente código de identificación.
   e) Las demás particularidades exigidas, en su caso, por las disposiciones específicas.
2. El error o la ausencia de la calificación del recurso por parte del recurrente no será obstáculo para su

tramitación, siempre que se deduzca su verdadero carácter.

3. Los vicios y defectos que hagan anulable un acto no podrán ser alegados por quienes los hubieren causado.

Causas de inadmisión

Serán causas de inadmisión las siguientes:

a) Ser incompetente el órgano administrativo, cuando el competente perteneciera a otra Administración Pública. El recurso deberá remitirse al órgano competente, de acuerdo con lo establecido en el artículo 14.1 de la Ley de Régimen Jurídico del Sector Público.

b) Carecer de legitimación el recurrente.

c) Tratarse de un acto no susceptible de recurso.

d) Haber transcurrido el plazo para la interposición del recurso.

e) Carecer el recurso manifiestamente de fundamento.

Suspensión de la ejecución

La interposición de cualquier recurso, excepto en los casos en que una disposición establezca lo contrario, no suspenderá la ejecución del acto impugnado.

No obstante lo dispuesto en el apartado anterior, el órgano a quien competa resolver el recurso, previa ponderación, suficientemente razonada, entre el perjuicio que causaría al interés público o a terceros la suspensión y el ocasionado al recurrente como consecuencia de la eficacia inmediata del acto recurrido, podrá suspender, de oficio o a solicitud del recurrente, la ejecución del acto impugnado cuando concurran alguna de las siguientes circunstancias:

a) Que la ejecución pudiera causar perjuicios de imposible o difícil reparación.

b) Que la impugnación se fundamente en alguna de las causas de nulidad de pleno derecho previstas en el artículo 47.1 de esta Ley.

La ejecución del acto impugnado se entenderá suspendida si transcurrido un mes desde que la solicitud de suspensión haya tenido entrada en el registro electrónico de la Administración u Organismo competente para decidir sobre la misma, el órgano a quien competa resolver el recurso no ha dictado y notificado resolución expresa al respecto.

Al dictar el acuerdo de suspensión podrán adoptarse las medidas cautelares que sean necesarias para asegurar la protección del interés público o de terceros y la eficacia de la resolución o el acto impugnado.

Cuando de la suspensión puedan derivarse perjuicios de cualquier naturaleza, aquélla sólo producirá efectos previa prestación de caución o garantía suficiente para responder de ellos, en los términos establecidos reglamentariamente.

La suspensión se prolongará después de agotada la vía administrativa cuando, habiéndolo solicitado previamente el interesado, exista medida cautelar y los efectos de ésta se extiendan a la vía contencioso-administrativa. Si el interesado interpusiera recurso contencioso-administrativo, solicitando la suspensión del acto objeto del proceso, se mantendrá la suspensión hasta que se produzca el correspondiente pronunciamiento judicial sobre la solicitud.

Cuando el recurso tenga por objeto la impugnación de un acto administrativo que afecte a una pluralidad indeterminada de personas, la suspensión de su eficacia habrá de ser publicada en el periódico oficial en que aquél se insertó.

Audiencia de los interesados

1. Cuando hayan de tenerse en cuenta nuevos hechos o documentos no recogidos en el expediente originario, se pondrán de manifiesto a los interesados para que, en un plazo no inferior a diez días ni superior a quince, formulen las alegaciones y presenten los documentos y justificantes que estimen procedentes.

   No se tendrán en cuenta en la resolución de los recursos, hechos, documentos o alegaciones del recurrente, cuando habiendo podido aportarlos en el trámite de alegaciones no lo haya hecho. Tampoco podrá solicitarse la práctica de pruebas cuando su falta de realización en el procedimiento en el que se dictó la resolución recurrida fuera imputable al interesado.

2. Si hubiera otros interesados se les dará, en todo caso, traslado del recurso para que en el plazo antes citado, aleguen cuanto estimen procedente.
3. El recurso, los informes y las propuestas no tienen el carácter de documentos nuevos a los efectos de este artículo. Tampoco lo tendrán los que los interesados hayan aportado al expediente antes de recaer la resolución impugnada.

Resolución[32]

1. La resolución del recurso estimará en todo o en parte o desestimará las pretensiones formuladas en el mismo o declarará su inadmisión.
2. Cuando existiendo vicio de forma no se estime procedente resolver sobre el fondo se ordenará la retroacción del procedimiento al momento en el que el vicio fue cometido, sin perjuicio de que eventualmente pueda acordarse la convalidación de actuaciones por

---

32 Artículo 120 Pluralidad de recursos administrativos

1. Cuando deban resolverse una pluralidad de recursos administrativos que traigan causa de un mismo acto administrativo y **se hubiera interpuesto un recurso judicial contra una resolución administrativa o bien contra el correspondiente acto presunto desestimatorio, el órgano administrativo podrá acordar la suspensión del plazo para resolver hasta que recaiga pronunciamiento judicial**.

2. El acuerdo de suspensión deberá ser notificado a los interesados, quienes podrán recurrirlo.

La interposición del correspondiente recurso por un interesado, no afectará a los restantes procedimientos de recurso que se encuentren suspendidos por traer causa del mismo acto administrativo.

3. Recaído el pronunciamiento judicial, será comunicado a los interesados y el órgano administrativo competente para resolver podrá dictar resolución sin necesidad de realizar ningún trámite adicional, salvo el de audiencia, cuando proceda.

el órgano competente para ello, de acuerdo con lo dispuesto en el artículo 52.

3. El órgano que resuelva el recurso decidirá cuantas cuestiones, tanto de forma como de fondo, plantee el procedimiento, hayan sido o no alegadas por los interesados. En este último caso se les oirá previamente. No obstante, la resolución será congruente con las peticiones formuladas por el recurrente, sin que en ningún caso pueda agravarse su situación inicial.

2.1. Recurso de alzada

Objeto

1. Las resoluciones y actos a que se refiere el artículo 112.1, cuando no pongan fin a la vía administrativa, **podrán ser recurridos en alzada** ante el órgano superior jerárquico del que los dictó. A estos efectos, los Tribunales y órganos de selección del personal al servicio de las Administraciones Públicas y cualesquiera otros que, en el seno de éstas, actúen con autonomía funcional, se considerarán dependientes del órgano al que estén adscritos o, en su defecto, del que haya nombrado al presidente de los mismos.

2. El recurso podrá interponerse ante el órgano que dictó el acto que se impugna o ante el competente para resolverlo.

Si el recurso se hubiera interpuesto ante el órgano que dictó el acto impugnado, éste deberá remitirlo al competente en el plazo de diez días, con su informe y con una copia completa y ordenada del expediente.

El titular del órgano que dictó el acto recurrido será responsable directo del cumplimiento de lo previsto en el párrafo anterior.

Plazos

1. El plazo para la interposición del **recurso de alzada será de un mes**, si el acto fuera expreso. Transcurrido dicho plazo sin haberse interpuesto el recurso, la resolución será firme a todos los efectos.

Si el acto no fuera expreso el solicitante y otros posibles interesados podrán interponer recurso de alzada en cualquier momento a partir del día siguiente a aquel en que, de acuerdo con su normativa específica, se produzcan los efectos del silencio administrativo.

El plazo máximo para dictar y notificar la resolución será de tres meses. Transcurrido este plazo sin que recaiga resolución, se podrá entender desestimado el recurso, salvo en el supuesto previsto en el artículo 24.1, tercer párrafo.

Contra la resolución de un recurso de alzada no cabrá ningún otro recurso administrativo, salvo el recurso extraordinario de revisión, en los casos establecidos en el artículo 125.1.

2.2. *Recurso potestativo de reposición*

Objeto y naturaleza

1. Los actos administrativos que pongan fin a la vía administrativa podrán ser recurridos potestativamente en reposición ante el mismo órgano que los hubiera dictado o ser impugnados directamente ante el orden jurisdiccional contencioso-administrativo.

2. No se podrá interponer recurso contencioso-administrativo hasta que sea resuelto expresamente o se haya producido la desestimación presunta del recurso de reposición interpuesto.

Plazos

El plazo para la interposición del recurso de reposición será de un mes, si el acto fuera expreso. Transcurrido dicho plazo, únicamente podrá interponerse recurso contencioso-administrativo, sin perjuicio, en su caso, de la procedencia del recurso extraordinario de revisión.

Si el acto no fuera expreso, el solicitante y otros posibles interesados podrán interponer recurso de reposición en cualquier momento a partir del día siguiente a aquel en que, de acuerdo con su normativa específica, se produzca el acto presunto.

El plazo máximo para dictar y notificar la resolución del **recurso será de un mes.**

Contra la resolución de un recurso de reposición no podrá interponerse de nuevo dicho recurso.

2.3. Recurso extraordinario de revisión

Recurso extraordinario de revisión

Contra los actos firmes en vía administrativa, sólo procederá el recurso extraordinario de revisión cuando concurra alguna de las circunstancias previstas en el artículo 125.1.

Objeto y plazos

Contra los actos firmes en vía administrativa podrá interponerse el recurso extraordinario de revisión ante el órgano administrativo que los dictó, que también será el competente para su resolución, cuando concurra alguna de las circunstancias siguientes:

- **a)** Que al dictarlos se hubiera incurrido en error de hecho, que resulte de los propios documentos incorporados al expediente.
- **b)** Que aparezcan documentos de valor esencial para la resolución del asunto que, aunque sean posteriores, evidencien el error de la resolución recurrida.
- **c)** Que en la resolución hayan influido esencialmente documentos o testimonios declarados falsos por sentencia judicial firme, anterior o posterior a aquella resolución.
- **d)** Que la resolución se hubiese dictado como consecuencia de prevaricación, cohecho, violencia, maquinación fraudulenta u otra conducta punible y se haya declarado así en virtud de sentencia judicial firme.

El recurso extraordinario de revisión se interpondrá, cuando se trate de la causa a) del apartado anterior, dentro del plazo de cuatro años siguientes a la fecha de la notificación de la resolución impugnada. En los demás casos, el plazo será de tres meses a contar desde el conocimiento de los documentos o desde que la sentencia judicial quedó firme.

Lo establecido en el presente artículo no perjudica el derecho de los interesados a formular la solicitud y la instancia a que se refieren los artículos 106 y 109.2 de la presente Ley ni su derecho a que las mismas se sustancien y resuelvan.

Resolución

El órgano competente para la resolución del recurso podrá acordar motivadamente la inadmisión a trámite, sin necesidad de recabar dictamen del Consejo de Estado u órgano consultivo de la Comunidad Autónoma, cuando el mismo no se funde en alguna de las causas previstas en el apartado 1 del artículo anterior o en el supuesto de que se hubiesen desestimado en cuanto al fondo otros recursos sustancialmente iguales.

El órgano al que corresponde conocer del recurso extraordinario de revisión debe pronunciarse no sólo sobre la procedencia del recurso, sino también, en su caso, sobre el fondo de la cuestión resuelta por el acto recurrido.

Transcurrido el plazo de tres meses desde la interposición del recurso extraordinario de revisión sin haberse dictado y notificado la resolución, se entenderá desestimado, quedando expedita la vía jurisdiccional contencioso-administrativa.

Capítulo 7
ESQUEMAS

1. SUJETOS

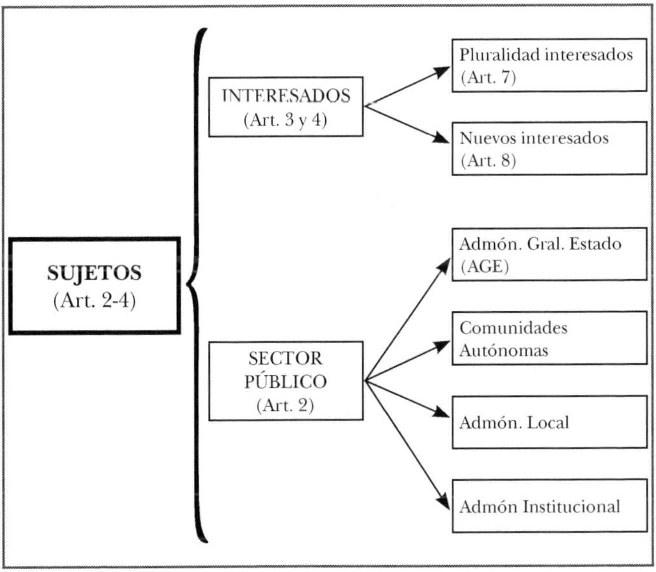

1.1. Admón General del Estado

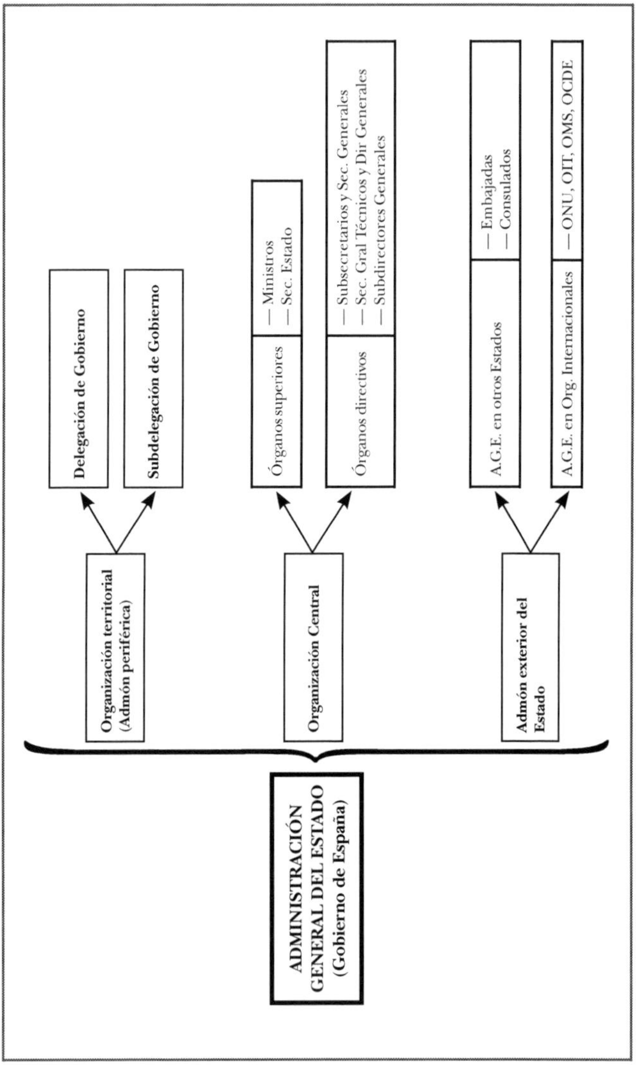

1.2. Admón Institucional

ADMÓN INSTITUCIONAL (Art. 2.2)

- **ORGANISMOS PÚBLICOS Y ENTIDADES DE DERECHO PUBLICO**
  (Vinculadas o dependientes AA.PP)
- **ENTIDADES DE DERECHO PRIVADO**
  (Vinculadas o dependientes AA.PP)
- **UNIVERSIDADES PÚBLICAS**
- **CORPORACIONES DE DERECHOS PÚBLICO**
  (Colegios Profesionales, Cámaras Com etc)
  (Art 2.4)

2. EVOLUCIÓN: DE LA LEY 30/92 A LA LEY 39/2015

RELACION CIUDADANOS Y ADMÓN

LPA 58 Ley de Procedimiento Administrativo → LEY 30/92 LRJAP-PAC

LRJAE 57 Ley Régimen Jurídico de la Administración del Estado → LEY 30/92 LRJAP-PAC

LEY 30/92 LRJAP-PAC → **LEY 39/2015** Ley de Procedimiento Administrativo Común

LEY 30/92 LRJAP-PAC → **LEY 40/2015** Ley Régimen Jurídico de la Administraciones Públicas

RELACIÓN DENTRO DE LA ADMÓN Y ENTRE ADMINISTRACIONES

2.1. *Ley 39/2015 y Ley 40/2015*

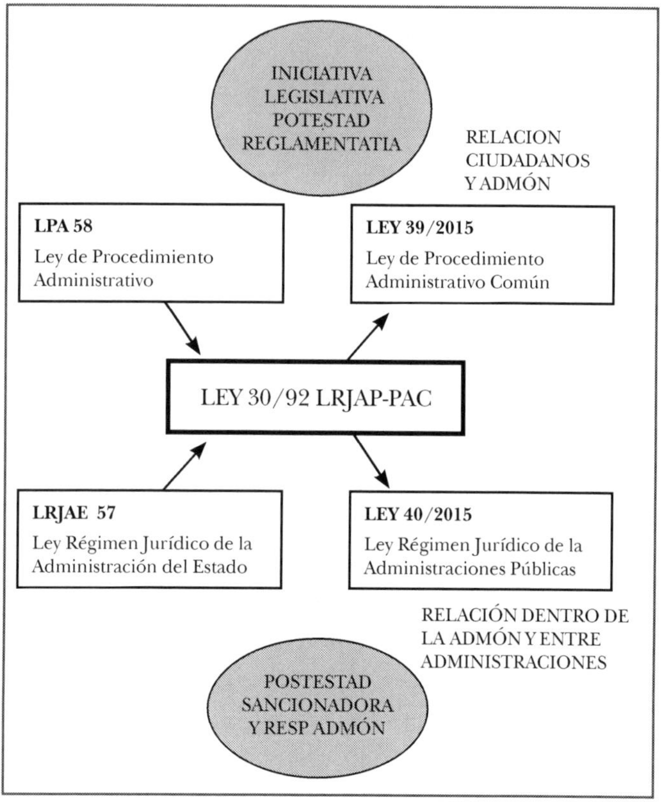

2.2. *Desarrollo Ley 30/92*

LEY 30/92 LRJAP-PAC

RD 429 /1993 responsabilidad Patrimonial AP

RD 1393/1993 potestad Sancionadora

RD 772/1999 solicitudes, escritos, registros y copias

LEY 11/2007 Administración Electrónica

RD 1671/2009 de desarrollo
de la Administración electrónica

2.3. Nacimiento Ley 39/2015

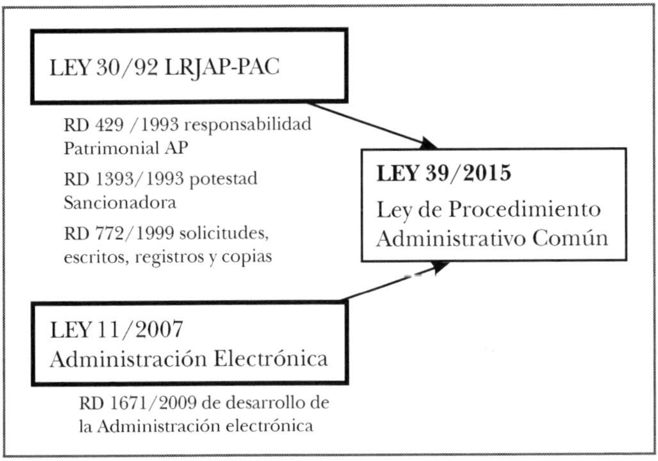

2.4. Normas derogadas

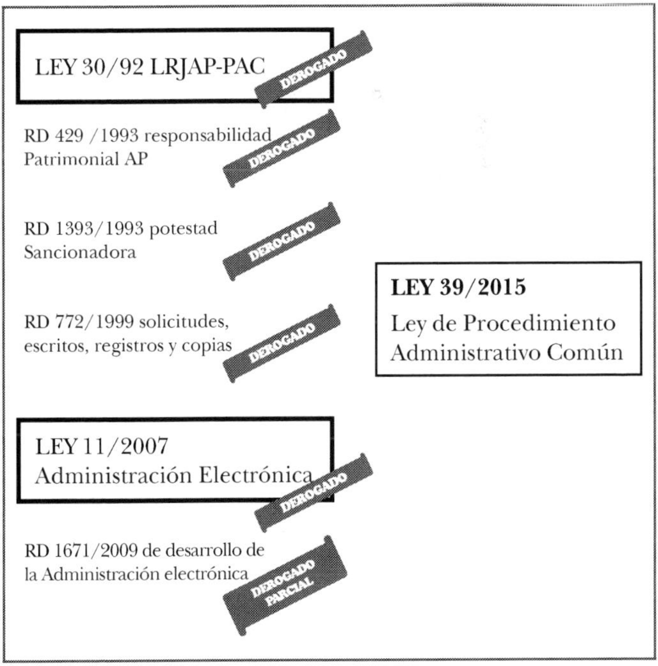

3. REPRESENTACIÓN Y PODERES

Formas de acreditar representación

- **PODER NOTARIAL**
- **APUD ACTA**
  - **COMP. PERSONAL**
  - **COMP. ELECTRÓNICA**
- **HABILITACIÓN GENERAL O ESPECÍFICA PARA TRANSACCIONES ELECTRÓNICAS**

3.1. Tipos de Poder ADVO.

Tipos de poder administrativos

- **PODER GENERAL** (Todos trámites ante Todas Administraciones) -> R.E.A. (Registro General
- **PODER CONCRETO** (Todos trámites ante una Administración u Organismo) -> R.E.A.
- **PODER PARTICULAR O ESPECÍFICO** (determinados trámites) -> R.E.A. (registro particular)

Validez máxima 5 años
- Revocar
- Prorrogar

4. REGISTROS

REGISTROS (Art. 16)

- * **REGISTROS ELECTRÓNICOS**
- * **OFICINAS DE CORREOS**
- * **OFICINAS CONSULARES Y REPRESENTACIONES DIPLOMÁTICAS**
- * **OFICINAS DE ASISTENCIA EN MATERIA DE REGISTROS**
- * **EN CUALQUIER OTRO QUE ESTABLEZCAN LAS DISPOSICIONES VIGENTES (REGISTRO FÍSICO)**

5. CÓMPUTO PLAZOS

CÓMPUTO DE PLAZOS (Art. 29-33)

- * **HORAS.** Los plazos por horas se contanrán de hora en hora y de minuto en minuto (no superior a 24 horas) **són hábiles todas las horas del día** que formen parte de un día hábil
- * **DÍAS HÁBILES** (Excluye sábado, Domingos y festivos del lugar del domicilio y de la sede del órgano administrativo)
  Se cuenta a partir del día siguiente
- * **DÍAS NATURALES** (Solamente por Ley o derecho de la Unión Europea)
- * **MESES O AÑOS** (se computan de fecha a fecha) Si no hubiera día equivalente se entiende el último día del mes. Si el último día es inhábil se entiende prorrogado

5.1. *Plazos y procedimiento*

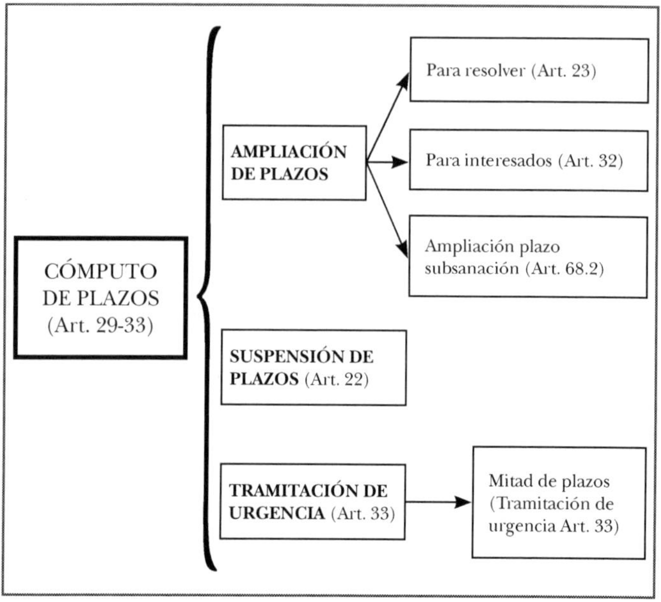

5.2. *Duración Procedimientos*

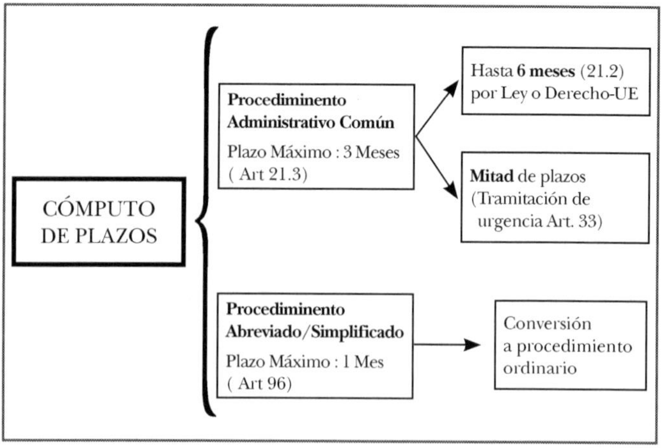

6. MOTIVACIÓN ACTOS

MOTIVACIÓN DE LOS ACTOS (Art. 35)

- ACTOS QUE LIMITEN DERECHOS O INTERESES
- ACTOS DE REVISIÓN, RESOLUCIÓN DE RECURSOS Y ARBITRAJES Y LOS QUE DECLAREN LA INADMISIÓN
- ACTOS QUE SE SEPAREN DEL CRITERIO SEGUIDO EN ACTUACIONES PRECEDENTES O DEL DICTAMEN DE ORGANOS CONSULTIVOS
- ACUERDOS DE SUSPENSIÓN Y ADOPCIÓN DE MEDIDAS PROVISIONALES
- ACUERDOS DE AMPLIACIÓN PLAZOS. TRAMITACIÓN URGENCIA Y ACTUACIONES COMPLEMENTARIAS

MOTIVACIÓN DE LOS ACTOS (Art. 35)

- ACTOS QUE RECHACEN PRUEBAS
- ACTOS QUE ACUERDEN TERMINACIÓN DEL PROCEDIMIENTO O DESISTIMIENTO DE LA ADMÓN EN PROCEDIMIENTO DE OFICIO
- PROPUESTAS DE RESOLUCIÓN EN LOS PROCEDIMIENTOS SANCIONADORES O DE RESPONSABILIDAD PATRIMONIAL
- LOS ACTOS QUE SE DICTEN EN EL EJERCICIO DE POTESTADES DISCRECCIONALES , ASÍ COMO LOS QUE DEBAN SERLO EN VIRTUD DE DISPOSICIÓN LEGAL O REGLAMENTARIA EXPRESA
- LA MOTIVACIÓN DE LOS ACTOS QUE PONGAN FIN A LOS PROCEDIMIENTO SELECTIVOS Y DE CONCURRENCIA SERÁ REALIZARÁ CONFORME A SU NORMATIVA QUE ACREDITARÁ LOS FUNDAMENTOS DE LA RESOLUCIÓN

7. NOTIFICACIÓN

NOTIFICACIÓN ACTOS

- **INTERESADOS**
  10 Días desde emisión
  (Art 47.2)
  (protección de datos de Terceros si hay varios interesados.
  Art. 46.5)
  → *Contenido de la notificación* (art 47.2)
  - Texto completo
  - Si pone fin (o no) a la via administrativa
  - Recursos que procedan
  - Órgano competente conocer recurso
  - Plazo para interponerlos
- **SUBSANACIÓN NOTIFICACIÓN**
  → *(Art. 47.3)*
  Notificación con Texto Integro, y omitiendo otros elementos obligatorios surten efecto. Cuando interesado recurra o realice actos que supongan su conocimiento.
  → (Art. 47.4)
  La obligación de notificar dentro del plazo de los procedimientos se entiende cumplida con el Texto íntegro y el intento de notificación debidamente acreditado.

PRÁCTICA DE LAS NOTIFICACIONES

- **ELECTRÓNICA (preferente)**
  (Art 41.1)
  (aviso previo de notificación)
  →
  - A petición del Interesado
  - Sujetos obligados (art. 14.2)
- **NO ELECTRÓNICA**
  → Comparecencia espontánea del interesado o su representante (Art 41.1 a)
  - Sujetos no obligados (que podrán cambiar)
  - Necesario la práctica de notificación por Empleado público.

  → (Art 41.2)
  - Aquella que el acto vaya acompañado de elementos que no sean susceptibles de conversión en formato electrónico
  - Aquellas que se entreguen cheques .

PRÁCTICA DE LAS NOTIFICACIONES

NOTIFICACIÓN VÁLIDA
(si constancia de los siguientes elementos)

- Envío o puesta a Disposición (buzón electrónico)
- Recepción o acceso del interesado o representante
- Fechas y horas
- Contenido íntegro
- Identidad remitente
- Identidad destinatario

INCORPORACIÓN DE NOTIFICACIÓN AL EXPEDIENTE ELECTRÓNICO

Si falla notificación electrónica, es válida la notificación de cualquier otra forma que contenga elementos anteriores

RECHAZO DE NOTIFICACIÓN

- Se hará constar
- Circunstancias del intento de notificación y medio utilizado
- Se da por efectuado el trámite
- Se continua el procedimiento

PRÁCTICA DE LAS NOTIFICACIONES

NOTIFICACIÓN EN PAPEL (ART 42)

- toda notificación en papel -> puesta a disposición en la Sede Electrónica (acceso electrónico)
- Notificación en Domicilio
  - Entrega a Interesado
  - Entrega al mayor de 14 años
  - Nadie :
    - Intento
    - Hora y día (antes 15 horas o después 15 horas)
    - 2º -Intento entres tres horas y tres días posteriores
      - (inviertiendo orden del primer intento)

(Después 15 horas o antes 15 horas)

Si el 2º Intento es infructuoso -> ANUNCIO BOE
(Facultativamente otros Anuncios/provincia/ ayuntamiento)
Notificaciones complementarias.

PRÁCTICA DE LAS NOTIFICACIONES	
	NOTIFICACIÓN ELECTRÓNICA (ART. 43) – Comparecencia en sede Electronica de la Administración – A través de la Dirección electrónica – Rechazo electrónico de la notificación
	RECHAZO ELECTRÓNICO Cuando transcurran **10 días naturales** desde la puesta a disposición de la notificación sin acceda a su contenido – Se hará constar – Circunstancias del intento de notificación y medio utilizado – Se da por efectuado el trámite – Se continua el procedimiento

PRÁCTICA DE LAS NOTIFICACIONES	
	PUBLICACIÓN DE ACTOS (ART. 45) (si constancia de los siguientes elementos) – Normas del Procedimiento o Interés público – Pluralidad de personas indeterminada – Procedimientos selectivos o de concurrencia competitiva **PUBLICACIÓN SOMERA DE INDICACIÓN DEL CONTENIDO (ART 46)** – Si la publicación del acto lesiona derechos o intereses legítimos podrá indicar el contenido del acto y lugar donde comparecer.

8. NULIDAD

INFRACCIÓN DEL ORDENAMIENTO POR ACTOS ADMINISTRATIVOS

- ACTOS NULOS (Art. 47 LPAC)
- ACTOS ANULABLES (Art. 48 LPAC) REGLA GENERAL
- ACTOS IRREGULARES NO INVALIDANTES (Art 48, 2 y 3)

9. PROCEDIMIENTO ADMINISTRATIVO COMÚN

PROCEDIMINENTO ADMINISTRATIVO COMÚN
Plazo máximo: 3 meses (Art 21.3)

MITAD DE PLAZOS
(Tramitación de urgencia Art 33)

HASTA **6 MESES** (21.2)
Por Ley o Derecho-Ue

INICIACIÓN

DE OFICIO (Art 58)

— Información previa (Art 55)
— Medidas provisionales (Art 56)

INSTANCIA PARTE (Art 66)

— Escrito o modelo oficial (Art 66.1 y 66.6)
— Subsanación (Art 68) 10 DIAS
— Ampliación plazo (Art 68.2) 5 DIAS
— Suspensión plazo (Art 22)
— Declaración responsable (Art 69.1)
— Comunicación (Art 69.2)

ORDENACIÓN

CELERIDAD/ TRANSPARENCIA/PUBLICIDAD (ART 71)

CONCENTRACIÓN TRÁMITES (ART 72)

CUMPLIMIENTO TRÁMITES (ART 73)

10 DIAS CUMPLIMIENTO **O** TENER POR **DESISTIDO**. (**Excepcionalmente** hasta dia que se notifique fin de plazo **73. 3**)

CUESTIÓN INCIDENTAL 74 (Nulidades, quejas, recursos etc. no suspende) SALVO RECUSACIÓN. (Art 24 Ley 40/2015)

INSTRUCCIÓN

PPIOS. DE **CONTRADICCIÓN** E **IGUALDAD** (ART 75)

ALEGACIONES Y DOCUMENTOS EN CUALQUIER MOMENTO ANTES **TRÁMITE DE AUDIENCIA** (ART 76)

PRUEBA ART 77-78 **(10-30 DIAS)** Denegación de prueba debe ser motivada

INFORMES ART 79-80

TRÁMITE DE AUDIENCIA 82 // **INFORMACIÓN PÚBLICA 83**

(10-15 DIAS ALEGACIONES DOCUMENTOS) (82.4 Prescindible si no hay hechos, alegaciones o pruebas nuevas)

+ **20 DIAS** ALEGACIONES

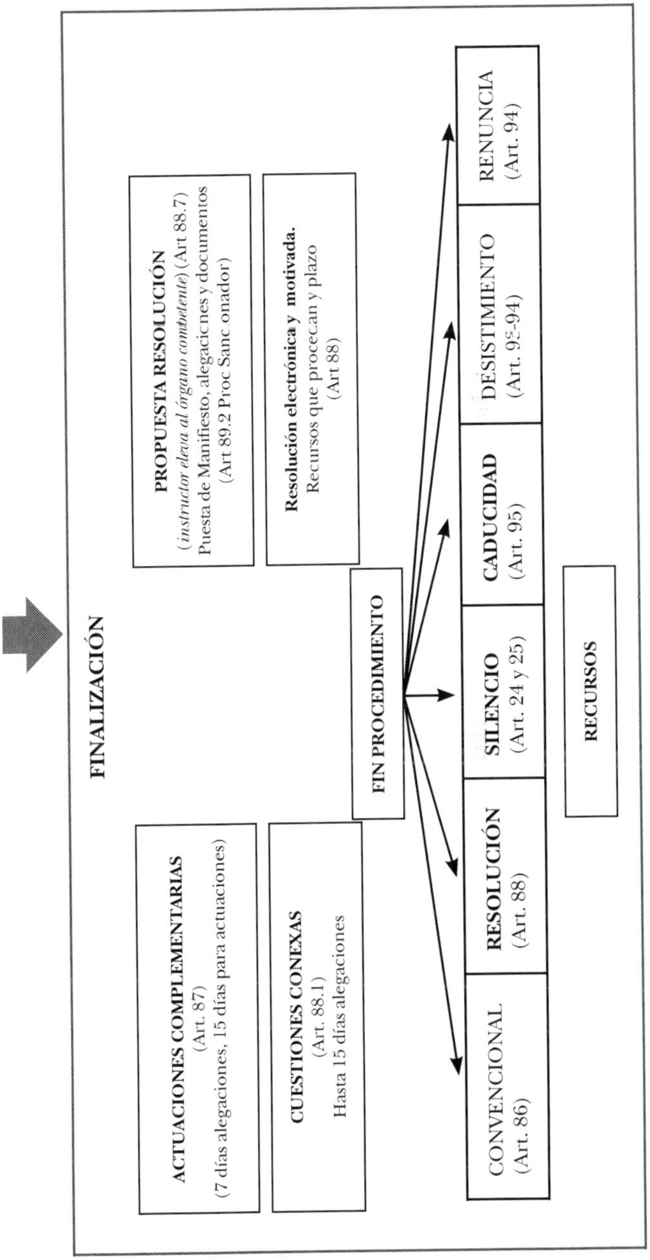
FINALIZACIÓN
ACTUACIONES COMPLEMENTARIAS
(Art. 87)
(7 días alegaciones, 15 días para actuaciones)
CUESTIONES CONEXAS
(Art. 88.1)
Hasta 15 días alegaciones
PROPUESTA RESOLUCIÓN
(instructor eleva al órgano competente) (Art 88.7)
Puesta de Manifiesto, alegaciones y documentos
(Art 89.2 Proc Sancionador)
Resolución electrónica y motivada.
Recursos que procedan y plazo
(Art 88)
FIN PROCEDIMIENTO
CONVENCIONAL
(Art. 86)
RESOLUCIÓN
(Art. 88)
SILENCIO
(Art. 24 y 25)
CADUCIDAD
(Art. 95)
DESISTIMIENTO
(Art. 93-94)
RENUNCIA
(Art. 94)
RECURSOS

10. PA SIMPLIFICADO

PROCEDIMINENTO ADMINISTRATIVO SIMPLIFICADO
(Por interés público o falta complejidad)
Plazo máximo : 1 meses (Art 96)

CONVERTIBLE EN PROC. ORDINARIO

INICIACIÓN

SUBSANACIÓN (en su caso)

ALEGACIONES 5 DÍAS (Y PRUEBA/DOCUMENTOS)

TRAMITE DE AUDIENCIA (Art. 96.6, h) si propuesta resolución desfavorable	INFORMES (en su caso)

RESOLUCIÓN

RECURSOS

11. RECURSOS

RECURSOS ADMINISTRATIVOS

- * Recurso de alzada (Art. 121)
- * Recurso potestativo de reposición (Art. 123)
- * Recurso extraordinario revisión (Art. 125)

11.1. Resolución Administrativa: Ejecución y Recursos

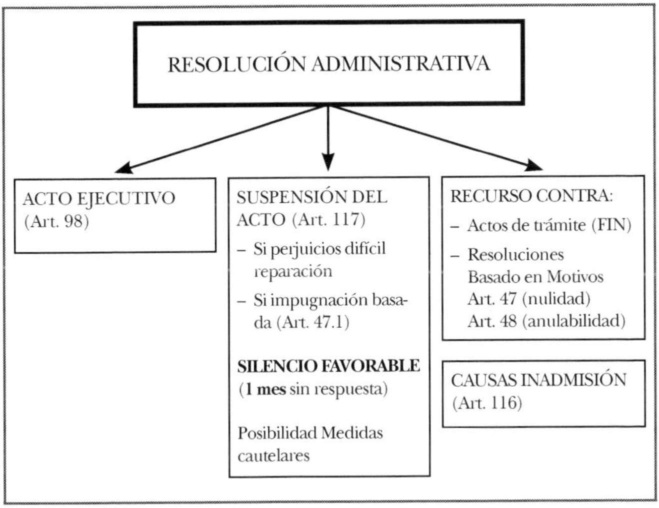

11.2. Recurso de Alzada

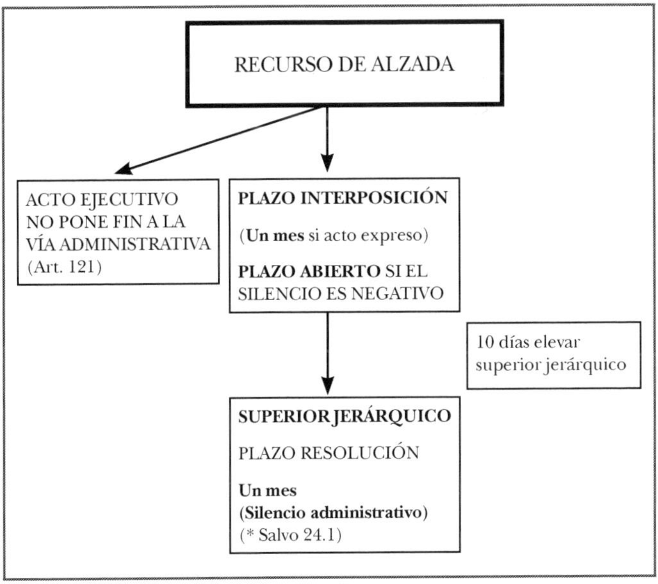

11.3. Reccurso reposición

RECURSO POTESTATIVO DE REPOSICIÓN

ACTO EJECUTIVO PONE FIN A LA VÍA ADMINISTRATIVA

RECURRIBLE ANTE LA JURISDICCIÓN CONTENCIOSO-ADVA

(Recursos incompatibles)

PLAZO INTERPOSICIÓN

(**Un mes** si acto expreso)

PLAZO ABIERTO SI EL SILENCIO ES NEGATIVO

RESUELVE EL MISMO ÓRGANO

PLAZO RESOLUCIÓN

Un mes (Silencio negativo)

(Abre la Vía contencioso-adva.)

11.4. Recurso Revisión

RECURSO EXTRAORDINARIO DE REVISIÓN

ACTO EJECUTIVO FIRME

(Causas tasadas 125.1)

PLAZO INTERPOSICIÓN

(**4 años** desde notificación si error de hecho)

3 meses desde Sentencia firme o conocimiento documentos

CAUSAS INADMISIÓN (Art. 126)

RESUELVE MISMO ÓRGANO

PLAZO RESOLUCIÓN
TRES MESES
(SILENCIO NEGATIVO)

(Abre vía Contencioso-Adva)

12. DOCUMENTOS

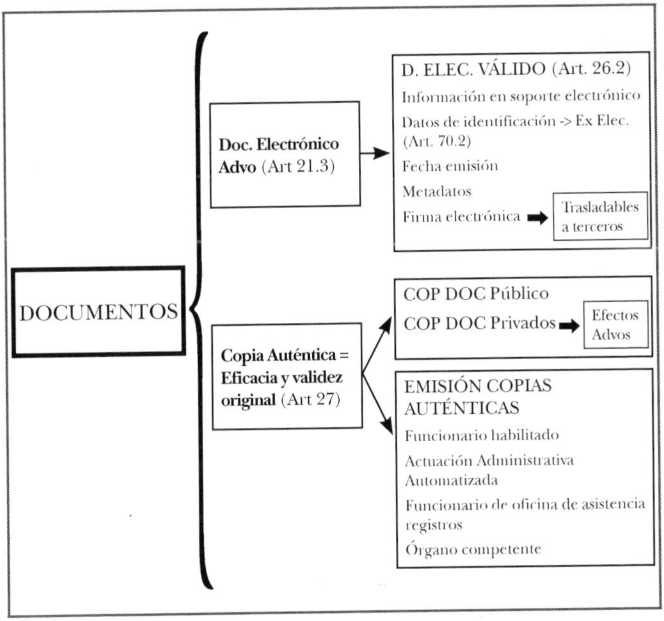

12.1. Copia auténtica

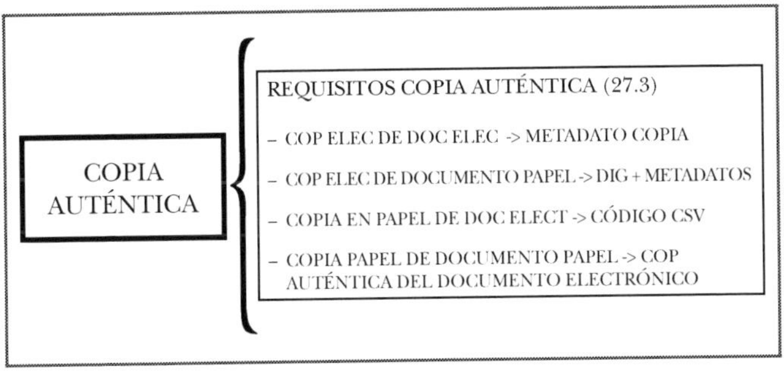

12.2. Derecho a obtener copias

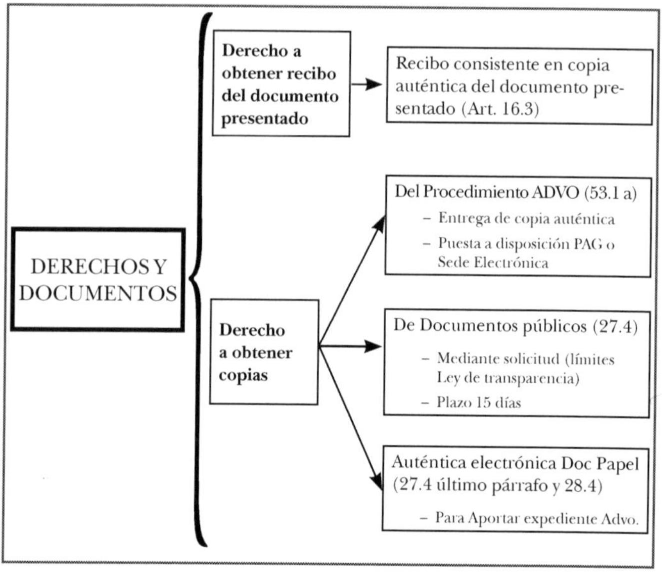

12.3. Derecho a no presentar documentos

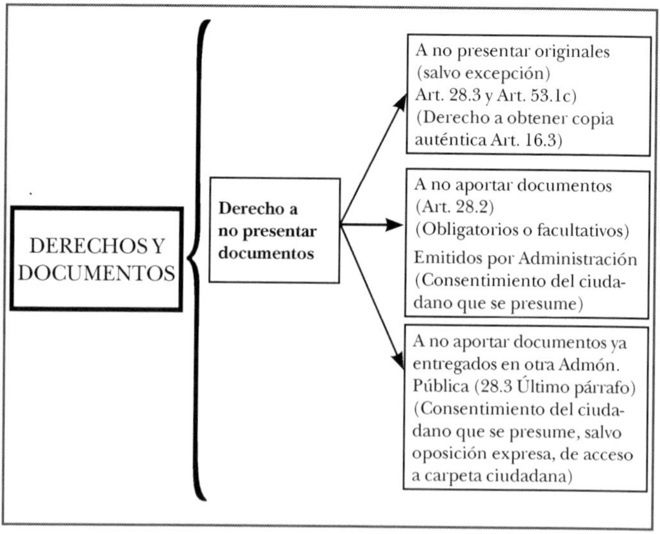

FORMULARIOS

FORMULARIO 1
SOLICITUD DE INICIO

Legislación

Artículo 66. **Solicitudes de iniciación**

1. Las solicitudes que se formulen deberán contener:

   a) Nombre y apellidos del interesado y, en su caso, de la persona que lo represente.

   b) Identificación del medio electrónico, o en su defecto, lugar físico en que desea que se practique la notificación. Adicionalmente, los interesados podrán aportar su dirección de correo electrónico y/o dispositivo electrónico con el fin de que las Administraciones Públicas les avisen del envío o puesta a disposición de la notificación.

   c) Hechos, razones y petición en que se concrete, con toda claridad, la solicitud.

   d) Lugar y fecha.

   e) Firma del solicitante o acreditación de la autenticidad de su voluntad expresada por cualquier medio.

   f) Órgano, centro o unidad administrativa a la que se dirige y su correspondiente código de identificación.

Las oficinas de asistencia en materia de registros estarán obligadas a facilitar a los interesados el código de identificación si el interesado lo desconoce. Asimismo, las Administraciones Públicas deberán mantener y actualizar en la sede electrónica correspondiente un listado con los códigos de identificación vigentes.

2. Cuando las pretensiones correspondientes a una pluralidad de personas tengan un contenido y fundamento idéntico o sustancialmente similar, podrán ser formuladas en una única solicitud, salvo que las normas reguladoras de los procedimientos específicos dispongan otra cosa.

3. De las solicitudes, comunicaciones y escritos que presenten los interesados electrónicamente o en las oficinas de asistencia en materia de registros de la Administración, podrán éstos exigir el correspondiente recibo que acredite la fecha y hora de presentación.

4. Las Administraciones Públicas deberán establecer modelos y sistemas de presentación masiva que permitan a los interesados presentar simultáneamente varias solicitudes. Estos modelos, de uso voluntario, estarán a disposición de los interesados en las correspondientes sedes electrónicas y en las oficinas de asistencia en materia de registros de las Administraciones Públicas.

Los solicitantes podrán acompañar los elementos que estimen convenientes para precisar o completar los datos del modelo, los cuales deberán ser admitidos y tenidos en cuenta por el órgano al que se dirijan.

5. Los sistemas normalizados de solicitud podrán incluir comprobaciones automáticas de la información aportada respecto de datos almacenados en sistemas propios o pertenecientes a otras Administraciones u ofrecer el formulario cumplimentado, en todo o en parte, con objeto de que el interesado verifique la información y, en su caso, la modifique y complete.

6. Cuando la Administración en un procedimiento concreto establezca expresamente modelos específicos de presentación de solicitudes, éstos serán de uso obligatorio por los interesados.

FORMULARIO 1
SOLICITUD INICIO

(1) Código Identificación de Administración

(2) AL AYUNTAMIENTO DE AL******
(MADRID)

Don (3) L***** B***** R******, de nacionalidad española, mayor de edad, soltera, con domicilio en la calle ********** esc. Izquierda, 2º A, 289** de Al***** Madrid y provista de DNI 51.406.679 E

Que mediante el presente escrito solicita la devolución de ingresos indebidos, todo ello basado en los siguientes

(4) HECHOS

PRIMERO: Que con fecha 25-08-20** efectuó ingreso por importe de 1.550 euros con número de justificante XXXXXX, aportando **copia como documento nº1** correspondiente a la tasa código ………… Tasas administrativas por licencia apertura de local.

SEGUNDO: Que posteriormente se ha detectado que el importe de la tasa era inferior, al existir una reducción del 50% y por tanto procede la devolución de la diferencia por cobro indebido.

TERCERO: Que como prueba de lo anteriormente expuesto se aporta como **documento nº 2** por el que se acredita la condición de ser beneficiario de la reducción del 50%

En virtud de lo expuesto

SOLICITA:

Que teniendo por presentado este escrito, de digne admitirlo con sus documentos y tener por solicitado La devolución de 775 €, que se han ingresado indebidamente, y tras la tramitación legal y las comprobaciones oportunas acuerde devolver la cantidad mediante transferencia a la cuenta con CCC que consta en sus archivos.

(5) Al***** a 15 de Septiembre de 20**

(6) Fdo: L*****************

1. Código Identificación de Administración. 2. Órgano o Administración a la que se dirige. 3. Nombre y apellidos del interesado. 4. Exposición de Hechos y aportación de documentos. 5. Lugar y fecha. 6. Firma.

FORMULARIO 2
CAMBIO DE DOMICILIO

Legislación

Art. 68 (subsanación y mejora de la solicitud) y Art. 76 (alegaciones en cualquier momento) Ley 39/2015

Artículo 76. **Alegaciones**

1. Los interesados podrán, en cualquier momento del procedimiento anterior al trámite de audiencia, aducir alegaciones y aportar documentos u otros elementos de juicio.

Unos y otros serán tenidos en cuenta por el órgano competente al redactar la correspondiente propuesta de resolución.

Artículo 68. **Subsanación y mejora de la solicitud**

1. Si la solicitud de iniciación no reúne los requisitos que señala el artículo 66, y, en su caso, los que señala el artículo 67 u otros exigidos por la legislación específica aplicable, se requerirá al interesado para que, en un plazo de diez días, subsane la falta o acompañe los documentos preceptivos, con indicación de que, si así no lo hiciera, se le tendrá por desistido de su petición, previa resolución que deberá ser dictada en los términos previstos en el artículo 21.

2. Siempre que no se trate de procedimientos selectivos o de concurrencia competitiva, este plazo podrá ser ampliado prudencialmente, hasta cinco días, a petición del interesado o a iniciativa del órgano, cuando la aportación de los documentos requeridos presente dificultades especiales.

3. En los procedimientos iniciados a solicitud de los interesados, el órgano competente podrá recabar del solicitante la modificación o mejora voluntarias de los términos de aquélla. De ello se levantará acta sucinta, que se incorporará al procedimiento.

4. Si alguno de los sujetos a los que hace referencia el artículo 14.2 y 14.3 presenta su solicitud presencialmente, las Administraciones Públicas requerirán al interesado para que la subsane a través de su presentación electrónica. A estos efectos, se considerará como fecha de presentación de la solicitud aquella en la que haya sido realizada la subsanación.

FORMULARIO 2

Expediente nacionalidad R 1582/201*

(1) Código Identificación Administración XXXXXXXX

(2) AL MINISTERIO DE JUSTICIA

Don (3)R*********A****** DE S****, de nacionalidad brasileña, con documento de identidad número X ******* L,

(4) DIGO

PRIMERO.- Que he cambiado mi domicilio a la Calle M**** nº 58 2º Izquierda – 28009 Madrid, a todos los efectos de notificación.

SEGUNDO.- Como prueba de mi cambio de domicilio, adjunto como documento número 1 el volante de inscripción en el padrón municipal de habitantes, donde consta mi nuevo domicilio.

Por lo expuesto anteriormente:

SOLICITO: Que realicen mi cambio de domicilio en la base de datos del Ministerio de Justicia a efectos de notificación, constando en la misma la Calle M******* nº 58 – 2º izquierda – 28009 Madrid.

(5) madrid, a 23 de marzo de 20**

(6) Fdo: L******** R****** A******* de S*****

1. Código Identificación de Administración. 2. Órgano o Administración a la que se dirige. 3. Nombre y apellidos del interesado. 4. Exposición de Hechos y aportación de documentos. 5. Lugar y fecha. 6. Firma.

FORMULARIO 3
PERSONACIÓN COMO INTERESADO

Legislacion aplicable

Artículo 4. **Concepto de interesado**

1. Se consideran interesados en el procedimiento administrativo:
   a) Quienes lo promuevan como titulares de derechos o intereses legítimos individuales o colectivos.
   b) Los que, sin haber iniciado el procedimiento, tengan derechos que puedan resultar afectados por la decisión que en el mismo se adopte.

Artículo 7 **Pluralidad de interesados**

Cuando en una solicitud, escrito o comunicación figuren varios interesados, las actuaciones a que den lugar se efectuarán con el representante o el interesado que expresamente hayan señalado, y, en su defecto, con el que figure en primer término.

Artículo 8. **Nuevos interesados en el procedimiento**

Si durante la instrucción de un procedimiento que no haya tenido publicidad, se advierte la existencia de personas que sean titulares de derechos o intereses legítimos y directos cuya identificación resulte del expediente y que puedan resultar afectados por la resolución que se dicte, se comunicará a dichas personas la tramitación del procedimiento.

FORMULARIO 3
PERSONACIÓN COMO INTERESADO

(1) Código Identificación Administración

(2) LA DELEGACIÓN PROVINCIAL DE [.................].

Don (3) P***********mayor de edad, vecino de ********* con domicilio en *********** y con DNI núm. ***********, prefiriendo como medio de comunitación y notificación, (4) *carpeta-notificacionesprocesos@gmail.com* ante ese organismo comparezco y como mejor en derecho proceda DIGO:

(5) I Que he tenido conocimiento de que por don HP] se ha interpuesto recurso de reposición contra la resolución de ese organismo de fecha xx-xx-xxxx en virtud de la cual se me propone como aspirante a ocupar la plaza de xxxxxxx en resolución del concurso de méritos aprobado por resolución de fecha xx-xx-xxxx y publicada en el boletín oficial de Estado el pasado día XX-xx-XXXX

II Según parece, en dicho recurso se aportan documentos relativos a los méritos de los distintos aspirantes y, siendo el que suscribe el principal interesado en la resolución de dicho procedimiento revisorio conforme a lo establecido en el artículo 4.1.b) Ley 39/2015

Artículo 4. **Concepto de interesado**

1. Se consideran interesados en el procedimiento administrativo:
   a) Quienes lo promuevan como titulares de derechos o intereses legítimos individuales o colectivos.
   b) Los que, sin haber iniciado el procedimiento, tengan derechos que puedan resultar afectados por la decisión que en el mismo se adopte.

por medio del presente escrito

SOLICITO: que, teniendo por presentado este escrito, lo admita, y así que lo sea, y en virtud de mi calidad de interesado en el procedimiento, ordene la remisión al correo electrónico facilitado copia de todos los documentos aportados al expediente incoado en virtud del recurso de reposición formulado por don HP contra la resolución Impugnada

(6) Es Justicia que pido en B ******** 13 de septiembre de 201*.

(7) Fdo. Don P***********

1. Código Identificación de Administración. 2. Órgano o Administración a la que se dirige. 3. Nombre y apellidos del interesado. 4. Identificación del medio electrónico por el que desea comunicarse. 5. Exposición de Hechos y aportación de documentos. 6. Lugar y fecha. 7. Firma

FORMULARIO 4
RECUSACIÓN

Legislación aplicable

Artículo 74. **Cuestiones incidentales Ley 39/2015**

Las cuestiones incidentales que se susciten en el procedimiento, incluso las que se refieran a la nulidad de actuaciones, no suspenderán la tramitación del mismo, salvo la recusación.

Abstención y recusación

Artículo 23. **Abstención**

1. Las autoridades y el personal al servicio de las Administraciones en quienes se den algunas de las circunstancias señaladas en el apartado siguiente se abstendrán de intervenir en el procedimiento y lo comunicarán a su superior inmediato, quien resolverá lo procedente.

2. Son motivos de abstención los siguientes:

   a) Tener interés personal en el asunto de que se trate o en otro en cuya resolución pudiera influir la de aquél; ser administrador de sociedad o entidad interesada, o tener cuestión litigiosa pendiente con algún interesado.

   b) Tener un vínculo matrimonial o situación de hecho asimilable y el parentesco de consanguinidad dentro del cuarto grado o de afinidad dentro del segundo, con cualquiera de los interesados, con los administradores de entidades o sociedades interesadas y también con los asesores, representantes legales o mandatarios que intervengan en el procedimiento, así como compartir despacho profesional o estar asociado con éstos para el asesoramiento, la representación o el mandato.

   c) Tener amistad íntima o enemistad manifiesta con alguna de las personas mencionadas en el apartado anterior.

   d) Haber intervenido como perito o como testigo en el procedimiento de que se trate.

   e) Tener relación de servicio con persona natural o jurídica interesada directamente en el asunto, o haberle prestado en los dos últimos años servicios profesionales de cualquier tipo y en cualquier circunstancia o lugar.

3. Los órganos jerárquicamente superiores a quien se encuentre en alguna de las circunstancias señaladas en el punto anterior podrán ordenarle que se abstengan de toda intervención en el expediente.

4. La actuación de autoridades y personal al servicio de las Administraciones Públicas en los que concurran motivos de abstención no implicará, necesariamente, y en todo caso, la invalidez de los actos en que hayan intervenido.

5. La no abstención en los casos en que concurra alguna de esas circunstancias dará lugar a la responsabilidad que proceda.

Artículo 24. **Recusación**

1. En los casos previstos en el artículo anterior, podrá promoverse recusación por los interesados en cualquier momento de la tramitación del procedimiento.

2. La recusación se planteará por escrito en el que se expresará la causa o causas en que se funda.

3. En el día siguiente el recusado manifestará a su inmediato superior si se da o no en él la causa alegada. En el primer caso, si el superior aprecia la concurrencia de la causa de recusación, acordará su sustitución acto seguido.

4. Si el recusado niega la causa de recusación, el superior resolverá en el plazo de tres días, previos los informes y comprobaciones que considere oportunos.

5. Contra las resoluciones adoptadas en esta materia no cabrá recurso, sin perjuicio de la posibilidad de alegar la recusación al interponer el recurso que proceda contra el acto que ponga fin al procedimiento.

FORMULARIO 4

Expediente disciplinario 2022/201*-21

(1) Código Identificación Administración

(2) A la Consejería de Trabajo y Asuntos Sociales
De la Comunidad Autónoma de M.........

Don (3) *******, mayor de edad, funcionario de esta Delegación, con domicilio en [................], con documento nacional de identidad núm. *************, ante esa Delegación comparezco y como mejor en derecho proceda DIGO:

Que por medio del presente escrito, y al amparo de lo previsto en el artículo 24 de la Ley 40/2015 en relación con el art. 23 de la misma ley vengo a RECUSAR Al Señor Instructor del expediente disciplinario incoado en mi contra bajo núm. [................] basándome para ello en las siguientes

(4) ALEGACIONES

Primera. —El pasado día [................] se celebró juicio de delito leve en el Juzgado de Instrucción núm. [................] que se tramitó bajo número de autos [................], y que concluyó con sentencia de fecha [................] en la que se contenía fallo condenatorio contra el instructor del expediente disciplinario incoado en mi contra, don [................], por delito leve de injurias contra don [................], funcionario igualmente de esta Consejeria (se adjunta como documento número 1 a este escrito fotocopia de la mencionada sentencia).

Segunda.— En el acto del juicio fui propuesto como testigo por el perjudicado, habiendo depuesto a las preguntas formuladas por los letrados de las partes intervinientes, limitándome a contestar la verdad sobre los hechos enjuiciados en dicho procedimiento penal (se adjunta como documento número dos a este escrito fotocopia del acta del juicio). Como se puede comprobar, y como consecuencia de dichas declaraciones, el fallo de la sentencia antes referida resultó condenatorio en contra del instructor de este expediente.

Tercera. —Como quiera que el párrafo c) del artículo 23 de la Ley 40/2015 tiene previsto como motivo de abstención (y recusación Art. 24 de la Ley 39/2015) el tener enemistad manifiesta con alguno de los interesados, y resultando que las relaciones entre el que suscribe y el instructor del expediente, como consecuencia de aquellas declaraciones vertidas en el juicio son de manifiesta enemistad, y causa de abstención y en este caso de recusación

SOLICITO: que, teniendo por presentado este escrito, lo admita y en consecuencia tenga por formulada recusación del instructor del expediente incoado en mi contra bajo núm. por presunta comisión de falta disciplinaria y, al amparo de lo previsto en el artículo 24 de la Ley 40/2015 acepte la recusación formulada.

SOLICITO TAMBIÉN, la (5) suspensión del procedimiento conforme permite el art. 74 de la Ley 39/2015 en tanto se resuelve el incidente de recusación, acordando estimar nuestras pretensiones, nombrando nuevo instructor que no esté incurso en causa de abstención ni recusación.

(6) M******** a 15 de Octubre de 201*

(7) Fdo. XXXXXXXXXXXXXXXXXX

1. Código Identificación de Administración. 2. Órgano o Administración a la que se dirige. 3. Nombre y apellidos del interesado. 4. Exposición de Hechos y aportación de documentos. 5. Suspensión del procedimiento. 6. Lugar y fecha. 7. Firma.

FORMULARIO 5
SOLICITUD DE INICIO MEDIANTE REPRESENTACIÓN

Artículo 66. *Solicitudes de iniciación*

1. Las solicitudes que se formulen deberán contener:

a) Nombre y apellidos del interesado y, en su caso, de la persona que lo represente.

b) Identificación del medio electrónico, o en su defecto, lugar físico en que desea que se practique la notificación. Adicionalmente, los interesados podrán aportar su dirección de correo electrónico y/o dispositivo electrónico con el fin de que las Administraciones Públicas les avisen del envío o puesta a disposición de la notificación.

c) Hechos, razones y petición en que se concrete, con toda claridad, la solicitud.

d) Lugar y fecha.

e) Firma del solicitante o acreditación de la autenticidad de su voluntad expresada por cualquier medio.

f) Órgano, centro o unidad administrativa a la que se dirige y su correspondiente código de identificación.

Las oficinas de asistencia en materia de registros estarán obligadas a facilitar a los interesados el código de identificación si el interesado lo desconoce. Asimismo, las Administraciones Públicas deberán mantener y actualizar en la sede electrónica correspondiente un listado con los códigos de identificación vigentes.

....

6. Cuando la Administración en un procedimiento concreto establezca expresamente modelos específicos de presentación de solicitudes, éstos serán de uso obligatorio por los interesados.

Artículo 5. **Representación**

1. Los interesados con capacidad de obrar podrán actuar por medio de representante, entendiéndose con éste las actuaciones administrativas, salvo manifestación expresa en contra del interesado.

2. Las personas físicas con capacidad de obrar y las personas jurídicas, siempre que ello esté previsto en sus Estatutos, podrán actuar en representación de otras ante las Administraciones Públicas.

3. Para formular solicitudes, presentar declaraciones responsables o comunicaciones, interponer recursos, desistir de acciones y renunciar a derechos en nombre de otra persona, deberá acreditarse la representación. Para los actos y gestiones de mero trámite se presumirá aquella representación.

4. La representación podrá acreditarse mediante cualquier medio válido en Derecho que deje constancia fidedigna de su existencia.

A estos efectos, se entenderá acreditada la representación realizada mediante apoderamiento apud acta efectuado por comparecencia personal o comparecencia electrónica en la correspondiente sede electrónica, o a través de la acreditación de su inscripción en el registro electrónico de apoderamientos de la Administración Pública competente.

5. El órgano competente para la tramitación del procedimiento deberá incorporar al expediente administrativo acreditación de la condición de representante y de los poderes que tiene reconocidos en dicho momento. El documento electrónico que acredite el resultado de la consulta al registro electrónico de apoderamientos correspondiente tendrá la condición de acreditación a estos efectos.

6. La falta o insuficiente acreditación de la representación no impedirá que se tenga por realizado el acto de que se trate, siempre que se aporte aquélla o se subsane el defecto dentro del plazo de diez días que deberá conceder al efecto el órgano administrativo, o de un plazo superior cuando las circunstancias del caso así lo requieran.

7. Las Administraciones Públicas podrán habilitar con carácter general o específico a personas físicas o jurídicas autorizadas para la realización de determinadas transacciones electrónicas en representación de los interesados. Dicha habilitación deberá especificar las condiciones y obligaciones a las que se comprometen los que así adquieran la condición de representantes, y determinará la presunción de validez de la representación salvo que la normativa de aplicación prevea otra cosa. Las Administraciones Públicas podrán requerir, en cualquier momento, la acreditación de dicha representación. No obstante, siempre podrá comparecer el interesado por sí mismo en el procedimiento.

Artículo 6. **Registros electrónicos de apoderamientos**

1. La Administración General del Estado, las Comunidades Autónomas y las Entidades Locales dispondrán de un registro electrónico general de apoderamientos, en el que deberán inscribirse, al menos, los de carácter general otorgados apud acta, presencial o electrónicamente, por quien ostente la condición de interesado en un procedimiento administrativo a favor de representante, para actuar en su nombre ante las Administraciones Públicas. También deberá constar el bastanteo realizado del poder.

En el ámbito estatal, este registro será el Registro Electrónico de Apoderamientos de la Administración General del Estado.

Los registros generales de apoderamientos no impedirán la existencia de registros particulares en cada Organismo donde se inscriban los poderes otorgados para la realización de trámites específicos en el mismo. Cada Organismo podrá disponer de su propio registro electrónico de apoderamientos.

2. Los registros electrónicos generales y particulares de apoderamientos pertenecientes a todas y cada una de las Administraciones, deberán ser plenamente interoperables entre sí, de modo que se garantice su interconexión, compatibilidad informática, así como la transmisión telemática de las solicitudes, escritos y comunicaciones que se incorporen a los mismos.

Los registros electrónicos generales y particulares de apoderamientos permitirán comprobar válidamente la representación de quienes actúen ante las Administraciones Públicas en nombre de un tercero, mediante la consulta a otros registros administrativos similares, al registro mercantil, de la propiedad, y a los protocolos notariales.

Los registros mercantiles, de la propiedad, y de los protocolos notariales serán interoperables con los registros electrónicos generales y particulares de apoderamientos.

3. Los asientos que se realicen en los registros electrónicos generales y particulares de apoderamientos deberán contener, al menos, la siguiente información:

- **a)** Nombre y apellidos o la denominación o razón social, documento nacional de identidad, número de identificación fiscal o documento equivalente del poderdante.
- **b)** Nombre y apellidos o la denominación o razón social, documento nacional de identidad, número de identificación fiscal o documento equivalente del apoderado.
- **c)** Fecha de inscripción.
- **d)** Período de tiempo por el cual se otorga el poder.
- **e)** Tipo de poder según las facultades que otorgue.

4. Los poderes que se inscriban en los registros electrónicos generales y particulares de apoderamientos deberán corresponder a alguna de las siguientes tipologías:

- **a)** Un poder general para que el apoderado pueda actuar en nombre del poderdante en cualquier actuación administrativa y ante cualquier Administración.
- **b)** Un poder para que el apoderado pueda actuar en nombre del poderdante en cualquier actuación administrativa ante una Administración u Organismo concreto.
- **c)** Un poder para que el apoderado pueda actuar en nombre del poderdante únicamente para la realización de determinados trámites especificados en el poder.

A tales efectos, por Orden del Ministro de Hacienda y Administraciones Públicas se aprobarán, con carácter básico, los modelos de poderes inscribibles en el registro distinguiendo si permiten la actuación ante todas las Administraciones de acuerdo con lo previsto en la letra a) anterior, ante la Administración General del Estado o ante las Entidades Locales.

Cada Comunidad Autónoma aprobará los modelos de poderes inscribibles en el registro cuando se circunscriba a actuaciones ante su respectiva Administración.

5. El apoderamiento «apud acta» se otorgará mediante comparecencia electrónica en la correspondiente sede electrónica haciendo uso de los sistemas de firma electrónica previstos en esta Ley, o bien mediante comparecencia personal en las oficinas de asistencia en materia de registros.

6. Los poderes inscritos en el registro tendrán una validez determinada máxima de cinco años a contar desde la fecha de inscripción. En todo caso, en cualquier momento antes de la finalización de dicho plazo el poderdante podrá revocar o prorrogar el poder. Las prórrogas otorgadas por el poderdante al registro tendrán una validez determinada máxima de cinco años a contar desde la fecha de inscripción.

7. Las solicitudes de inscripción del poder, de revocación, de prórroga o de denuncia del mismo podrán dirigirse a cualquier registro, debiendo quedar inscrita esta circunstancia en el registro de la Administración u Organismo ante la que tenga efectos el poder y surtiendo efectos desde la fecha en la que se produzca dicha inscripción.

FORMULARIO 5
Solicitud inicio mediante representación

(1) Código de Identificación Administración: ***********

(2) AL AYUNTAMIENTO DE AL****
(MADRID)

Don (3) Luis Vidal Martín, abogado, con despacho profesional en Madrid, sito en la Gran Vía 55, 28013 Madrid y (4) dirección de correo electrónico a efectos de notificación *notificacionesadmistración999@gmail.com*, en nombre y representación de Doña****************************** provista de DNI 51.406.679 E, según consta en Escritura de Poder otorgada ante Notario de esta capital Don XXXXXXXXXXXXX, con número de protocolo 15289/201* aportando fotocopia como documento nº 1

Que sin perjuicio de la incorporación del Poder al Registro Electrónico de Apoderamientos (REA), que se interesa, esta parte autoriza a esta Administración a la comprobación de la autenticad y vigencia del Poder notarial incorporando copia electrónica auténtica y autoriza a realizar el seguimiento oportuno sobre la vigencia del poder.

(5) HECHOS

PRIMERO: Que con fecha 25-08-20** efectuó ingreso por importe de 1.550 euros con número de justificante XXXXXX, aportando **copia como documento nº1** correspondiente a la tasa código .... Tasas administrativas por licencia apertura de local.

SEGUNDO: Que posteriormente se ha detectado que el importe de la tasa era inferior, al existir una reducción del 50% y por tanto procede la devolución de la diferencia por cobro indebido.

TERCERO: Que como prueba de lo anteriormente expuesto se aporta como **documento nº 2** por el que se acredita la condición de ser beneficiario de la reducción del 50%

En virtud de lo expuesto

SOLICITA:

Que teniendo por presentado este escrito, de digne admitirlo con sus documentos y tener por solicitado La devolución de 775 €, que se han ingresado indebidamente, y tras la tramitación legal y las comprobaciones oportunas acuerde devolver la cantidad mediante transferencia a la cuenta con CCC que consta en sus archivos.

(6) Al***** a 15 de Septiembre de 20**

(7) Fdo: L***** B**** R*****.

1. Código Identificación de Administración. 2. Órgano o Administración a la que se dirige. 3. Nombre y apellidos del interesado. 4. Identificación del medio electrónico por el que desea comunicarse. 5. Exposición de Hechos y aportación de documentos. 6. Lugar y fecha. 7. Firma.

FORMULARIO 6
REPRESENTACIÓN SUCESIÓN POR FALLECIMIENTO

Legislacion aplicable

Personación como interesado por fallecimiento

Artículo 4. **Concepto de interesado**

1. Se consideran interesados en el procedimiento administrativo:
   a) Quienes lo promuevan como titulares de derechos o intereses legítimos individuales o colectivos.
   b) Los que, sin haber iniciado el procedimiento, tengan derechos que puedan resultar afectados por la decisión que en el mismo se adopte.
   c) Aquellos cuyos intereses legítimos, individuales o colectivos, puedan resultar afectados por la resolución y se personen en el procedimiento en tanto no haya recaído resolución definitiva.
2. Las asociaciones y organizaciones representativas de intereses económicos y sociales serán titulares de intereses legítimos colectivos en los términos que la Ley reconozca.
3. Cuando la condición de interesado derivase de alguna relación jurídica transmisible, el derecho-habiente sucederá en tal condición cualquiera que sea el estado del procedimiento.

FORMULARIO 6
REPRESENTACIÓN SUCESIÓN POR FALLECIMIENTO

(1) Código Identificación Administración

(2) LA DELEGACIÓN PROVINCIAL DE [................].

Don (3) P*************mayor de edad, vecino de *********** con domicilio en ************** y con DNI núm. **************, prefiriendo como medio de comunicación y notificación, (4) *carpetanotificacionesprocesos@gmail.com* ante ese organismo comparezco y como mejor en derecho proceda **DIGO**:

Que por medio del presente escrito se viene a poner en conocimiento de ese organismo el fallecimiento de nuestro causante don [................], suceso que en fechas recientes ha sido participado a esta dirección letrada por sus herederos.

Que a fin de que pueda operar la sucesión procesal a que se refiere el artículo 4.3 de la Ley 39/2015, adjunto al presente escrito se viene a acompañar certificado de defunción del interesado y certificado de nacimiento de su único hijo así como, certificado de últimas voluntades y testamento en el que consto como heredero

Por todo lo cual, a ese organismo

SOLICITO: que, teniendo por presentado este escrito junto con la documentación que se acompaña, tenga con él por personado al letrado que suscribe en nombre y representación de [................], todos ellos en calidad de herederos del finado D. [................], y por operada con ello la sucesión procesal.

(6) Es Justicia que pido en B ******** 13 de septiembre de 201*.

(7) Fdo. Don P************

1. Código Identificación de Administración. 2. Órgano o Administración a la que se dirige. 3. Nombre y apellidos del interesado. 4. Identificación del medio electrónico por el que desea comunicarse. 5. Exposición de Hechos y aportación de documentos. 6. Lugar y fecha. 7. Firma.

FORMULARIO 7
ESCRITO ELIGIENDO LENGUA DEL PROCEDIMIENTO

Legislación aplicable

Artículo 15. **Lengua de los procedimientos**

1. La lengua de los procedimientos tramitados por la Administración General del Estado será el castellano. No obstante lo anterior, los interesados que se dirijan a los órganos de la Administración General del Estado con sede en el territorio de una Comunidad Autónoma podrán utilizar también la lengua que sea cooficial en ella.

En este caso, el procedimiento se tramitará en la lengua elegida por el interesado. Si concurrieran varios interesados en el procedimiento, y existiera discrepancia en cuanto a la lengua, el procedimiento se tramitará en castellano, si bien los documentos o testimonios que requieran los interesados se expedirán en la lengua elegida por los mismos.

2. En los procedimientos tramitados por las Administraciones de las Comunidades Autónomas y de las Entidades Locales, el uso de la lengua se ajustará a lo previsto en la legislación autonómica correspondiente.

3. La Administración Pública instructora deberá traducir al castellano los documentos, expedientes o partes de los mismos que deban surtir efecto fuera del territorio de la Comunidad Autónoma y los documentos dirigidos a los interesados que así lo soliciten expresamente. Si debieran surtir efectos en el territorio de una Comunidad Autónoma donde sea cooficial esa misma lengua distinta del castellano, no será precisa su traducción.

FORMULARIO 7
ESCRITO ELIGIENDO LENGUA DEL PROCEDIMIENTO

EXPEDIENTE 1522/20**

(1) Código Identificación Administración XXXXXXXX

(2) A LA SUBDELEGACIÓN DEL GOBIERNO EN BARCELONA

Don (3) Don [................]., mayor de edad, con DNI [................], y domicilio a efectos de notificaciones en [................], ante ese Organismo comparezco, y como mejor proceda DIGO:

ÚNICO: Que, en mi condición de interesado, y de conformidad con lo establecido en el artículo 15 de la Ley 39/2015 intereso que el procedimiento administrativo se tramite en [................], lengua oficial en esta Comunidad Autónoma., solicitando se expidan testimonios de los siguientes documentos en la legua oficial en esta comunidad.

O

ÚNICO: Que habiendo varios interesados, que desconocen la lengua cooficial de esta Comunidad Autónoma, solicito conforme al Art 15.1 último párrafo de la ley 39/2015 el procedimiento Se tramite en lengua Española o Castellana.

De mismo modo se solicita la traducción al Español (Art 15.3 ley 39/2015) de todo lo actuado hasta ahora puesto que los documentos obrante en el expediente deben surtir en efecto en otra comunidad autónoma cuya lengua oficial solamente es el Español o Castellano.

En virtud de lo expuesto,

SOLICITO que, teniendo por presentado este escrito, se sirva admitirlo y, de conformidad con lo manifestado en el cuerpo del mismo, acuerde la tramitación del procedimiento en lengua [................]

(6) Barcelona a 15 de septiembre de 2016.

(7) Fdo: L******** R****** A******* de S*****

1. Código Identificación de Administración. 2. Órgano o Administración a la que se dirige. 3. Nombre y apellidos del interesado. 4. Exposición de Hechos y aportación de documentos. 5. Lugar y fecha. 6. Firma.

FORMULARIO 8
SOLICITUD ACCESO A ARCHIVOS Y REGISTROS

Legislación

Artículo 53. **Derechos del interesado en el procedimiento administrativo**

1. Además del resto de derechos previstos en esta Ley, los interesados en un procedimiento administrativo, tienen los siguientes derechos:

a) A conocer, en cualquier momento, el estado de la tramitación de los procedimientos en los que tengan la condición de interesados; el sentido del silencio administrativo que corresponda, en caso de que la Administración no dicte ni notifique resolución expresa en plazo; el órgano competente para su instrucción, en su caso, y resolución; y los actos de trámite dictados. Asimismo, **también tendrán derecho a acceder y a obtener copia de los documentos contenidos en los citados procedimientos.**

Quienes se relacionen con las Administraciones Públicas a través de medios electrónicos, tendrán derecho a consultar la información a la que se refiere el párrafo anterior, en el Punto de Acceso General electrónico de la Administración que funcionará como un portal de acceso. Se entenderá cumplida la obligación de la Administración de facilitar copias de los documentos contenidos en los procedimientos mediante la puesta a disposición de las mismas en el Punto de Acceso General electrónico de la Administración competente o en las sedes electrónicas que correspondan.

f) A obtener información y orientación acerca de los requisitos jurídicos o técnicos que las disposiciones vigentes impongan a los proyectos, actuaciones o solicitudes que se propongan realizar.

FORMULARIO 8
SOLICITUD ACCESO A ARCHIVOS Y REGISTROS

(1) Código de Identificación Administración: ***********

(2) AL AYUNTAMIENTO DE AL****
sección de archivo y documentación

Don (3)L***** B***** R******, de nacionalidad española, mayor de edad, soltera, con domicilio en la calle ********** esc. Izquierda, 2º A, 289** de Al***** Madrid Y (4) dirección de correo electrónico a efectos de notificación *notificacionesadmistración999@gmail.com* y provista de DNI 51.406.679 E

SOLICITO

Tener acceso a la licencia correspondiente al local situado en la calle S***** nº 5 posterior de Al***** (antiguo Bar T*****).

MOTIVO DE LA CONSULTA

El arquitecto técnico del Ayuntamiento de Al***** nos ha solicitado para darnos un cambio de titularidad en la licencia correspondiente al local nombrado un certificado expedido por un arquitecto técnico en el cual se verifique que el local continúa igual que cuando se otorgo la anterior licencia.

Para emitir el mencionado certificado, el arquitecto técnico tiene que ver la licencia anterior, los planos y la documentación existente correspondiente al local.

Conforme el Art 53.1 a) y f) esta parte tiene derecho a obtener copia de los documentos contenidos en el anterior expediente y a obtener orientación e información acerca de los requisitos jurídicos o técnicos que las disposiciones vigentes impongan,

DOCUMENTOS ACREDITATIVOS

1. Copia del DNI de la propietaria del local y arrendadora, C*********.
2. Testamento de Don **********************, dejando todo su patrimonio a su hija, *******************.
3. Certificado de defunción de Don **************.
4. Certificado del arquitecto técnico por el cual se otorgo la primera licencia del local en 1999.
5. Contrato de arrendamiento del local de negocio, siendo yo la arrendataria.
6. Copia de la solicitud de licencia para cambio de titularidad, modelo 724, firmado por el anterior titular, *************.

Alcorcón, a 10 de agosto de 20**

Fdo: L****************

1. Código Identificación de Administración. 2. Órgano o Administración a la que se dirige. 3. Nombre y apellidos del interesado. 4. Identificación del medio electrónico por el que desea comunicarse. 5. Exposición de Hechos y aportación de documentos. 6. Lugar y fecha. 7. Firma.

FORMULARIO 9
SUBSANACIÓN DE SOLICITUDES

Legislación Aplicable

Artículo 73. **Cumplimiento de trámites**

1. Los trámites que deban ser cumplimentados por los interesados deberán realizarse en el plazo de diez días a partir del siguiente al de la notificación del correspondiente acto, salvo en el caso de que en la norma correspondiente se fije plazo distinto.

2. En cualquier momento del procedimiento, cuando la Administración considere que alguno de los actos de los interesados no reúne los requisitos necesarios, lo pondrá en conocimiento de su autor, concediéndole un plazo de diez días para cumplimentarlo.

3. A los interesados que no cumplan lo dispuesto en los apartados anteriores, se les podrá declarar decaídos en su derecho al trámite correspondiente. No obstante, se admitirá la actuación del interesado y producirá sus efectos legales, si se produjera antes o dentro del día que se notifique la resolución en la que se tenga por transcurrido el plazo.

Artículo 68. **Subsanación y mejora de la solicitud**

1. Si la solicitud de iniciación no reúne los requisitos que señala el artículo 66, y, en su caso, los que señala el artículo 67 u otros exigidos por la legislación específica aplicable, se requerirá al interesado para que, en un plazo de diez días, subsane la falta o acompañe los documentos preceptivos, con indicación de que, si así no lo hiciera, se le tendrá por desistido de su petición, previa resolución que deberá ser dictada en los términos previstos en el artículo 21.

2. Siempre que no se trate de procedimientos selectivos o de concurrencia competitiva, este plazo podrá ser ampliado prudencialmente, hasta cinco días, a petición del interesado o a iniciativa del órgano, cuando la aportación de los documentos requeridos presente dificultades especiales.

3. En los procedimientos iniciados a solicitud de los interesados, el órgano competente podrá recabar del solicitante la modificación o mejora voluntarias de los términos de aquélla. De ello se levantará acta sucinta, que se incorporará al procedimiento.

4. Si alguno de los sujetos a los que hace referencia el artículo 14.2 y 14.3 presenta su solicitud presencialmente, las Administraciones Públicas requerirán al interesado para que la subsane a través de su presentación electrónica. A estos efectos, se considerará como fecha de presentación de la solicitud aquella en la que haya sido realizada la subsanación.

FORMULARIO 9
SUBSANACIÓN DE SOLICITUDES

(1) Código Identificación de Administración XXXXx
Autorización de residencia inicial para profesionales altamente cualificados
Expediente: 288420*******
NIE X-XXXXXXXX-X

(2) A LA UNIDAD DE GRANDES EMPRESAS Y COLECTIVOS ESTRATÉGICOS (Plaza de la Remonta 12-3ª Planta)

(3) D. *****************, mayor de edad, con DNI ***************X, en representación de la entidad Inversiones *********** S.L. con domicilio a efectos de notificaciones en C*** V****, ** Las Rozas Madrid 282**, ante el organismo referido al margen comparece y DICE:

(4) PRIMERO: Que me han notificado y requerido el día 14 de junio que aportemos documentación al expediente de autorización de residencia, se aporta requerimiento conforme a los artículos 68 y 73 de la Ley 39/2015 como **documento nº 1**,

SEGUNDO: Que para contestar al referido requerimiento se aporta como **documento nº2** Convenio colectivo del sector de hostelería. Que según dicho convenio se le ha incluido como grupo profesional, conforme el **artículo 21** página 21 y se remite a **anexo III** página 45 e el **NIVEL I**. Que estará incluido en el grupo profesional de la Seguridad Social nº 1, de acuerdo con el C.N.O. 1211 Directores financieros.

TERCERO. Que aportamos como **documento nº 3**. Tasa abonada.

En su virtud,

SOLICITO A LA UGE: Que teniendo por presentado este escrito se digne admitirlo y unirlo al expediente de su razón, y tenga por aportada la documentación,

(5)Es Justicia que pido en Madrid, a 15 de junio de 201*

(6) Fdo D. ****************,

1. Código Identificación de Administración. 2. Órgano o Administración a la que se dirige. 3. Nombre y apellidos del interesado. 4. Exposición de Hechos y aportación de documentos. 5. Lugar y fecha. 6. Firma.

FORMULARIO 10
ESCRITO ALEGACIONES ANTERIOR TRÁMITE DE AUDIENCIA

Legislación Aplicable

Artículo 73. **Cumplimiento de trámites**

1. Los trámites que deban ser cumplimentados por los interesados deberán realizarse en el plazo de diez días a partir del siguiente al de la notificación del correspondiente acto, salvo en el caso de que en la norma correspondiente se fije plazo distinto.

2. En cualquier momento del procedimiento, cuando la Administración considere que alguno de los actos de los interesados no reúne los requisitos necesarios, lo pondrá en conocimiento de su autor, concediéndole un plazo de diez días para cumplimentarlo.

3. A los interesados que no cumplan lo dispuesto en los apartados anteriores, se les podrá declarar decaídos en su derecho al trámite correspondiente. No obstante, se admitirá la actuación del interesado y producirá sus efectos legales, si se produjera antes o dentro del día que se notifique la resolución en la que se tenga por transcurrido el plazo.

Artículo 76. **Alegaciones**

1. Los interesados podrán, en cualquier momento del procedimiento anterior al trámite de audiencia, aducir alegaciones y aportar documentos u otros elementos de juicio.

Unos y otros serán tenidos en cuenta por el órgano competente al redactar la correspondiente propuesta de resolución.

2. En todo momento podrán los interesados alegar los defectos de tramitación y, en especial, los que supongan paralización, infracción de los plazos preceptivamente señalados o la omisión de trámites que pueden ser subsanados antes de la resolución definitiva del asunto. Dichas alegaciones podrán dar lugar, si hubiere razones para ello, a la exigencia de la correspondiente responsabilidad disciplinaria.

FORMULARIO 10
ESCRITO ALEGACIONES ANTERIOR TRÁMITE DE AUDIENCIA

(1) Código Expediente nº 101/2004/04782

(2) AL AYUNTAMIENTO DE MADRID
Distrito de Centro – Sección de Licencias

(3) Dª *********************, Letrado del ICAM nº 54.***, en representación de P*************SA, con domicilio en Calle B********** B**********nº 9 (28014) de Madrid, ante la Sección de Licencias del Ayuntamiento de Madrid comparezco y Digo:

Que el Art. 76 de la Ley 39/2015 de Procedimiento Administrativo Común permite presentación de documentos en cualquier momento del procedimiento antes del trámite de audiencia, todo ello en base a las siguientes

ALEGACIONES

PRIMERA: Que respecto de la primera deficiencia a subsanar, que indica: No se ha contestado al aporte de documentación requerido que demuestre la legalidad de la ocupación del patio. Además los planos de planta baja y planta sótano presentan una discrepancia en relación al patio, apareciendo ventanas y puertas a zonas de patio en sótano que según planos de planta estarían cubiertas.

Pues bien, la Ocupación al patio sólo se realiza en planta baja, en el sótano no existe construcción alguna, por lo que en planta sótano existen ventanas que abren al patio, ya que la construcción está por encima de ellas. Se trata de una construcción ligera, con cubierta de Uralita sobre rastreles de madera y forjado con perfilería metálica. Tal como indica el Informe preparado por el Arquitecto D. J*****, y cuyo original aportó como documento nº 1,

SEGUNDA: La segunda deficiencia a subsanar indica: En la memoria del proyecto no se mencionan obras, al tratarse de una ampliación deben aportar copia de planos de estado original que dio lugar a la licencia que tienen en vigor. Justificando que no son necesarias obras, ya que no aparecen ni en Memoria, ni en presupuesto ni en planos.

La Ampliación de Licencia se solicita para el despacho de productos no perecederos, es decir se trata de una ampliación de actividad que no ha provocado obra alguna en el establecimiento. Según consta en el Informe del Arquitecto Sr. ******, aportado como documento nº 2, no se puede aportar copia de planos de estado original porque la Licencia es de hace más 30 años, de 1976, y no se existen ya en posesión de los solicitantes planos distintos de los aportados.

TERCERA: Establece el requerimiento de subsanación en su tercer párrafo: En memoria indican que tienen una bomba de calor para acondicionamiento de aire que se ubicará en patio. Falta aportar las características del equipo con su catálogo y su croquis de situación de la unidad condensadora o rejilla de evacuación del aire de condensación acotado con respecto a las ventanas u otros huecos existentes en la fachada y su altura sobre el suelo, justificando el cumplimiento del Título III de la Ordenanza de Protección del Medio Ambiente Urbano. Además el equipo de aire acondicionado no está reflejado en el presupuesto.

Al respecto debemos clarificar que NO EXISTE ninguna bomba de calor ni equipo de aire acondicionado. Por ello no hay tampoco colisión alguna con lo dispuesto en el Título III de la Ordenanza de Protección del Medio Ambiente Urbano.

CUARTA: En relación con el cuarto punto de las deficiencias a subsanar: En plano 12 de Ventilación indican 5 chimeneas a cubierta. Se deberá aportar planos de cubierta que reflejen el cumplimiento del artículo XX de la Ordenanza General de Protección del Medio Ambiente Urbano de En planta sótano se indica que tienen una rejilla de entrada y salida de ventilación forzada, las cuales no están reflejadas en planos. Se deberá aportar planos que indiquen las rejillas justificando el cumplimiento del artículo 32 de la Ordenanza General de Protección del Medio Ambiente Se deberá indicar claramente los caudales de todas estas ventilaciones, realizando un cálculo justificativo de las renovaciones/hora que se van a llevar a cabo en la zona de fabricación (tanto sótano como planta baja). El cuarto de basura se indica que ventila de forma natural a patio, pero en plano no aparece.

Se adjuntan planos con la ubicación de las chimeneas que discurren por patio, por el arquitecto Sr. ***** como documento nº 3, donde consta se cumple lo establecido en la Ordenanza General de Protección del Medio Ambiente Urbano de 1985. Asimismo, el cuarto de basuras se encuentra en la terraza cubierta que da a patio, donde no hay paredes y por lo tanto ventila de manera natural a patio. Así consta expresamente en el último punto del Informe aportado como documento nº 2.

QUINTA: Como quinta deficiencia, la Sección de Licencias a la que me dirijo indica: En licencia consta entre los elementos autorizados un depósito de fuel oil de 5.000 litros, que no está reflejado en planos. Falta la justificación de sistemas de seguridad contra incendios de toda la zona de fabricación de pan, de acuerdo a la carga de la actividad.

El depósito a que hace referencia se encuentra autorizado en la Licencia vigente –que adjunto como documento nº 4- Dicho depósito se encuentra enterrado en la planta sótano y no tiene uso alguno en la actualidad.

SEXTA: Que con respecto al estudio de calificación ambiental, el horario de apertura y cierre del establecimiento se ajustará a lo establecido en la Ley de Modernización del Comercio XXXXXXXXXX.

SÉPTIMA: Que el establecimiento P**************no ha variado el aspecto exterior de la fachada desde hace décadas, ni añadido rótulos, por lo que se cumple lo dispuesto en la ordenación urbanística aplicable y en concreto la Ordenanza de Protección del Paisanaje.

Por todo lo anterior,

SOLICITO: Que teniendo por presentado este escrito junto con sus documentos lo admita, y tenga por presentadas alegaciones y documentos conforme al art. 76 de ley 39/2015 de Procedimiento Administrativo Común y tras la tramitación legal incluida la valoración de las presentas alegaciones y documentos acuerde conceder la modificación de licencia que actualmente tiene la P*************

En Madrid a 25 de junio de 201*

1. Código Identificación de Administración. 2. Órgano o Administración a la que se dirige. 3. Nombre y apellidos del interesado. 4. Exposición de Hechos y aportación de documentos. 5. Lugar y fecha. 6. Firma.

FORMULARIO 11
ESCRITO SOLICITANDO AMPLIACIÓN PLAZO

Legislación aplicable.

Artículo 32. **Ampliación**

1. La Administración, salvo precepto en contrario, podrá conceder de oficio o a petición de los interesados, una ampliación de los plazos establecidos, que no exceda de la mitad de los mismos, si las circunstancias lo aconsejan y con ello no se perjudican derechos de tercero. El acuerdo de ampliación deberá ser notificado a los interesados.

2. La ampliación de los plazos por el tiempo máximo permitido se aplicará en todo caso a los procedimientos tramitados por las misiones diplomáticas y oficinas consulares, así como a aquellos que, sustanciándose en el interior, exijan cumplimentar algún trámite en el extranjero o en los que intervengan interesados residentes fuera de España.

3. Tanto la petición de los interesados como la decisión sobre la ampliación deberán producirse, en todo caso, antes del vencimiento del plazo de que se trate. En ningún caso podrá ser objeto de ampliación un plazo ya vencido. Los acuerdos sobre ampliación de plazos o sobre su denegación no serán susceptibles de recurso, sin perjuicio del procedente contra la resolución que ponga fin al procedimiento.

4. Cuando una incidencia técnica haya imposibilitado el funcionamiento ordinario del sistema o aplicación que corresponda, y hasta que se solucione el problema, la Administración podrá determinar una ampliación de los plazos no vencidos, debiendo publicar en la sede electrónica tanto la incidencia técnica acontecida como la ampliación concreta del plazo no vencido.

Artículo 68. **Subsanación y mejora de la solicitud**

1. Si la solicitud de iniciación no reúne los requisitos que señala el artículo 66, y, en su caso, los que señala el artículo 67 u otros exigidos por la legislación específica aplicable, se requerirá al interesado para que, en un plazo de diez días, subsane la falta o acompañe los documentos preceptivos, con indicación de que, si así no lo hiciera, se le tendrá por desistido de su petición, previa resolución que deberá ser dictada en los términos previstos en el artículo 21.

2. Siempre que no se trate de procedimientos selectivos o de concurrencia competitiva, este plazo podrá ser ampliado prudencialmente, hasta cinco días, a petición del interesado o a iniciativa del órgano, cuando la aportación de los documentos requeridos presente dificultades especiales.

FORMULARIO 11
ESCRITO SOLICITANDO AMPLIACIÓN PLAZO

(1) Código de Indentificación de Administración
PERMISO DE TRABAJO Y RESIDENCIA
EXPDTE. 280120**0023841
ASUNTO AMPLIACIÓN DE PLAZOS MADRID

(2) A LA DELEGACION DE GOBIERNO DE MADRID

(3) Don LUIS VIDAL MARTÍN SANZ, letrado del ICAM, en nombre y representación de Doña M**********************, mayor de edad, con domicilio en C/ *********Nº 8, 1º - 280** (Madrid), ante el organismo referido al margen comparece y DICE

(4)PRIMERO.- Que el pasado 10 de noviembre de 201* fue requerida para aportar el certificado de la Dirección General de Asuntos y Asistencia Consulares de no estar becada en España (se adjunta copia como documento nº 1).

SEGUNDO.- Que dicho requerimiento concede un plazo de un 10 DÍAS para aportar el Certificado de la Oficina Consular del país de origen que acredite que no esta becada en España.

TERCERO.- Que se están realizando dichas gestiones, y que el Ministerio de Asuntos Exteriores Español nos informa que la Oficina Consular del país de origen, tarda más de 10 días en emitir dicho certificado, y en previsión de que no pueda estar a tiempo dicha documentación se interesa que se le conceda una ampliación de plazo para aportar dicho documento.

CUARTO: Que la Ley 39/2015 de procedimiento administrativo Común en su artículo 32 permite la ampliación de plazos:

Artículo 32. **Ampliación**

1. La Administración, salvo precepto en contrario, podrá conceder de oficio o a petición de los interesados, una ampliación de los plazos establecidos, que no exceda de la mitad de los mismos, si las circunstancias lo aconsejan y con ello no se perjudican derechos de tercero. El acuerdo de ampliación deberá ser notificado a los interesados.

2. La ampliación de los plazos por el tiempo máximo permitido se aplicará en todo caso a los procedimientos tramitados por las misiones diplomáticas y oficinas consulares, así como a aquellos que, sustanciándose en el interior, exijan cumplimentar algún trámite en el extranjero o en los que intervengan interesados residentes fuera de España.

3. Tanto la petición de los interesados como la decisión sobre la ampliación deberán producirse, en todo caso, antes del vencimiento del plazo de que se trate. En ningún caso podrá ser objeto de ampliación un plazo ya vencido. Los acuerdos sobre ampliación de plazos o sobre su denegación no serán susceptibles de recurso, sin perjuicio del procedente contra la resolución que ponga fin al procedimiento.

4. Cuando una incidencia técnica haya imposibilitado el funcionamiento ordinario del sistema o aplicación que corresponda, y hasta que se solucione el problema, la Administración podrá determinar una ampliación de los plazos no vencidos, debiendo publicar en la sede electrónica tanto la incidencia técnica acontecida como la ampliación concreta del plazo no vencido.

Por lo expuesto

SOLICITA: Que se tenga por presentado este escrito, se sirva admitirlo y por hechas las manifestaciones que en el mismo se contienen, procediendo a ampliar el plazo para adjuntar la documentación requerida

(5)Madrid a 21 de noviembre del 201*

(6) Fdo. LUIS VIDAL MARTÍN SANZ

1. Código Identificación de Administración. 2. Órgano o Administración a la que se dirige. 3. Nombre y apellidos del interesado. 4. Exposición de Hechos y aportación de documentos. 5. Lugar y fecha. 6. Firma.

FORMULARIO 12
SOLICITANDO CAMBIO PROCEDIMIENTO

Legislación aplicable

Artículo 96. **Tramitación simplificada del procedimiento administrativo común**

1. Cuando razones de interés público o la falta de complejidad del procedimiento así lo aconsejen, las Administraciones Públicas podrán acordar, de oficio o a solicitud del interesado, la tramitación simplificada del procedimiento.

En cualquier momento del procedimiento anterior a su resolución, el órgano competente para su tramitación podrá acordar continuar con arreglo a la tramitación ordinaria.

2. Cuando la Administración acuerde de oficio la tramitación simplificada del procedimiento deberá notificarlo a los interesados. Si alguno de ellos manifestara su oposición expresa, la Administración deberá seguir la tramitación ordinaria.

3. Los interesados podrán solicitar la tramitación simplificada del procedimiento. Si el órgano competente para la tramitación aprecia que no concurre alguna de las razones previstas en el apartado 1, podrá desestimar dicha solicitud, en el plazo de cinco días desde su presentación, sin que exista posibilidad de recurso por parte del interesado. Transcurrido el mencionado plazo de cinco días se entenderá desestimada la solicitud.

4. En el caso de procedimientos en materia de responsabilidad patrimonial de las Administraciones Públicas, si una vez iniciado el procedimiento administrativo el órgano competente para su tramitación considera inequívoca la relación de causalidad entre el funcionamiento del servicio público y la lesión, así como la valoración del daño y el cálculo de la cuantía de la indemnización, podrá acordar de oficio la suspensión del procedimiento general y la iniciación de un procedimiento simplificado.

5. En el caso de procedimientos de naturaleza sancionadora, se podrá adoptar la tramitación simplificada del procedimiento cuando el órgano competente para iniciar el procedimiento considere que, de acuerdo con lo previsto en su normativa reguladora, existen elementos de juicio suficientes para calificar la infracción como leve, sin que quepa la oposición expresa por parte del interesado prevista en el apartado 2.

6. Salvo que reste menos para su tramitación ordinaria, los procedimientos administrativos tramitados de manera simplificada deberán ser resueltos en treinta días, a contar desde el siguiente al que se notifique al interesado el acuerdo de tramitación simplificada del procedimiento, y constarán únicamente de los siguientes trámites:

a) Inicio del procedimiento de oficio o a solicitud del interesado.

b) Subsanación de la solicitud presentada, en su caso.

c) Alegaciones formuladas al inicio del procedimiento durante el plazo de cinco días.

d) Trámite de audiencia, únicamente cuando la resolución vaya a ser desfavorable para el interesado.

e) Informe del servicio jurídico, cuando éste sea preceptivo.

f) Informe del Consejo General del Poder Judicial, cuando éste sea preceptivo.

g) Dictamen del Consejo de Estado u órgano consultivo equivalente de la Comunidad Autónoma en los casos en que sea preceptivo. Desde que se solicite el Dictamen al Consejo de Estado, u órgano equivalente, hasta que éste sea emitido, se producirá la suspensión automática del plazo para resolver.

El órgano competente solicitará la emisión del Dictamen en un plazo tal que permita cumplir el plazo de resolución del procedimiento. El Dictamen podrá ser emitido en el plazo de quince días si así lo solicita el órgano competente.

En todo caso, en el expediente que se remita al Consejo de Estado u órgano consultivo equivalente, se incluirá una propuesta de resolución. Cuando el Dictamen sea contrario al fondo de la propuesta de resolución, con independencia de que se atienda o no este criterio, el órgano competente para resolver acordará continuar el procedimiento con arreglo a la tramitación ordinaria, lo que se notificará a los interesados. En este caso, se entenderán convalidadas todas las actuaciones que se hubieran realizado durante la tramitación simplificada del procedimiento, a excepción del Dictamen del Consejo de Estado u órgano consultivo equivalente.

h) Resolución.

7. En el caso que un procedimiento exigiera la realización de un trámite no previsto en el apartado anterior, deberá ser tramitado de manera ordinaria.

FORMULARIO 12
SOLICITANDO CAMBIO PROCEDIMIENTO

Expte: 28***********

(1) Código Identificación de Administración XXXXXXXx

(2) A LA DIRECCIÓN GENERAL

(3) Don ********** mayor de edad, con DNI *******W y domicilio a efectos de notificaciones en la Calle Orense, ********* de Madrid ante el organismo referido al margen comparece y DICE:

Que con fecha xx-xx-xxxx me fue notificado el Acuerdo de iniciación de oficio en virtud del cual la Administración ordenaba la tramitación simplificada del procedimiento arriba referenciado, con un plazo máximo de duración de un mes, no estando en absoluto de acuerdo, todos ello basado en las siguientes

(4) ALEGACIONES

PRIMERA: Que la naturaleza de dicho procedimiento desaconsejan la utilización de una tramitación simplificada, estimando esta parte que se trata de una procedimiento con cierta complejidad, y que no existe interés público en seguir este procedimiento abreviado.

SEGUNDO: Que mediante el presente escrito, y de conformidad con lo dispuesto en el artículo 96.2 de la Ley 39/2015 del Procedimiento Administrativo Común vengo a formular **OPOSICIÓN A LA TRAMITACIÓN SIMPLIFICADA DEL PROCEDIMIENTO**:

TERCERA: Que no atender dicha cambio, supondría vulnerar los principios de contradicción, e igualdad recogidos en el Art. 75.4 Ley 39/2015 al reducir plazos de los que dispondría esta parte para formular alegaciones así como la supresión de trámites esenciales de los que esta parte pretende valerse y que, como en su momento se comprobará, pueden resultar esenciales para la adecuada resolución del expediente.

Por ello, y con el fin último de garantizar el derecho de defensa que me asiste y siendo de aplicación el artículo 96.2 de Ley 39/2015 Procedimiento Administrativo Común proceder continuar el procedimiento por el Procedimiento Ordinario previsto en los Artículos 54 y siguientes de la citada Ley.

SOLICITO: que se admita a trámite el presente escrito de alegaciones y se tenga por formulada mi **OPOSICIÓN** a la continuación del expediente por los trámites del procedimiento simplificado y, previos los trámites legales oportunos, conforme al apartado 2 del artículo 96, se continúe la tramitación ordinaria.

(5)En Madrid, a 18 de Diciembre de 20**

(6) Fdo Don ************************

1. Código Identificación de Administración. 2. Órgano o Administración a la que se dirige. 3. Nombre y apellidos del interesado. 4. Exposición de Hechos y aportación de documentos. 5. Lugar y fecha. 6. Firma.

FORMULARIO 13
ESCRITO DE DESISTIMIENTO/RENUNCIA

Legislacion

Artículo 94. **Desistimiento y renuncia por los interesados**

1. Todo interesado podrá desistir de su solicitud o, cuando ello no esté prohibido por el ordenamiento jurídico, renunciar a sus derechos.

2. Si el escrito de iniciación se hubiera formulado por dos o más interesados, el desistimiento o la renuncia sólo afectará a aquellos que la hubiesen formulado.

3. Tanto el desistimiento como la renuncia podrán hacerse por cualquier medio que permita su constancia, siempre que incorpore las firmas que correspondan de acuerdo con lo previsto en la normativa aplicable.

4. La Administración aceptará de plano el desistimiento o la renuncia, y declarará concluso el procedimiento salvo que, habiéndose personado en el mismo terceros interesados, instasen éstos su continuación en el plazo de diez días desde que fueron notificados del desistimiento o renuncia.

5. Si la cuestión suscitada por la incoación del procedimiento entrañase interés general o fuera conveniente sustanciarla para su definición y esclarecimiento, la Administración podrá limitar los efectos del desistimiento o la renuncia al interesado y seguirá el procedimiento.

FORMULARIO 13
ESCRITO DE DESISTIMIENTO/RENUNCIA

Expediente 288720*****200

(1) Código Identificación de Administración xxxxxxx

(2) A LA UNIDAD DE GRANDES EMPRESA Y COLECTIVOS ESTRATÉGICOS

(3) Don J************ Con DNI ************** en nombre y representación de *********** SA CON CIF A *******, cuyos demás datos constan en el expediente de referencia como mejor proceda en derecho dice:

(4) ÚNICO: Que habiendo recibido resolución favorable en el procedimiento y no pudiendo completar el mismo, por no poder acudir a la oficina consular de España en la India, ponemos en conocimiento de la UNIDAD estos hechos, DESISTIENDO DE ESTA SOLICITUD, (O RENUNCIANDO A LA AUTORIZACIÓN CONCEDIDA) dando por terminado el procedimiento conforme al Art. 94.4 de la Ley 39/2015 al no existir otros interesados, ni ser contrario al ordenamiento jurídico. Todo ello sin perjuicio de posteriores expedientes que se pudieran solicitar a favor del mismo trabajador.

SOLICITO: Que teniendo por presentado este escrito se digne admitirlo, unirlo al expediente de su razón y por efectuado el desistimiento (O RENUNCIA A LA AUTORIZACIÓN) solicitado en el cuerpo de este escrito

(5) Madrid a 24 de agosto de 20**

(6) **************** SA
pp. DON ***********

1. Código Identificación de Administración. 2. Órgano o Administración a la que se dirige. 3. Nombre y apellidos del interesado. 4. Exposición de Hechos y aportación de documentos. 5. Lugar y fecha. 6. Firma.

FORMULARIO 14
SOLICITUD CERTIFICADO SILENCIO

Legislacion

Artículo 24. **Silencio administrativo en procedimientos iniciados a solicitud del interesado**

1. En los procedimientos iniciados a solicitud del interesado, sin perjuicio de la resolución que la Administración debe dictar en la forma prevista en el apartado 3 de este artículo, el vencimiento del plazo máximo sin haberse notificado resolución expresa, legitima al interesado o interesados para entenderla estimada por silencio administrativo, excepto en los supuestos en los que una norma con rango de ley o una norma de Derecho de la Unión Europea o de Derecho internacional aplicable en España establezcan lo contrario. Cuando el procedimiento tenga por objeto el acceso a actividades o su ejercicio, la ley que disponga el carácter desestimatorio del silencio deberá fundarse en la concurrencia de razones imperiosas de interés general.

El silencio tendrá efecto desestimatorio en los procedimientos relativos al ejercicio del derecho de petición, a que se refiere el artículo 29 de la Constitución, aquellos cuya estimación tuviera como consecuencia que se transfirieran al solicitante o a terceros facultades relativas al dominio público o al servicio público, impliquen el ejercicio de actividades que puedan dañar el medio ambiente y en los procedimientos de responsabilidad patrimonial de las Administraciones Públicas.

El sentido del silencio también será desestimatorio en los procedimientos de impugnación de actos y disposiciones y en los de revisión de oficio iniciados a solicitud de los interesados. No obstante, cuando el recurso de alzada se haya interpuesto contra la desestimación por silencio administrativo de una solicitud por el transcurso del plazo, se entenderá estimado el mismo si, llegado el plazo de resolución, el órgano administrativo competente no dictase y notificase resolución expresa, siempre que no se refiera a las materias enumeradas en el párrafo anterior de este apartado.

2. La estimación por silencio administrativo tiene a todos los efectos la consideración de acto administrativo finalizador del procedimiento. La desestimación por silencio administrativo tiene los solos efectos de permitir a los interesados la interposición del recurso administrativo o contencioso-administrativo que resulte procedente.

3. La obligación de dictar resolución expresa a que se refiere el apartado primero del artículo 21 se sujetará al siguiente régimen:

a) En los casos de estimación por silencio administrativo, la resolución expresa posterior a la producción del acto sólo podrá dictarse de ser confirmatoria del mismo.

b) En los casos de desestimación por silencio administrativo, la resolución expresa posterior al vencimiento del plazo se adoptará por la Administración sin vinculación alguna al sentido del silencio.

4. Los actos administrativos producidos por silencio administrativo se podrán hacer valer tanto ante la Administración como ante cualquier persona física o jurídica, pública o privada. Los mismos producen efectos desde el vencimiento del plazo máximo en el que debe dictarse y notificarse la resolución expresa sin que la misma se haya expedido, y su existencia puede ser acreditada por cualquier medio de prueba admitido en Derecho, incluido el certificado acreditativo del silencio producido. Este certificado se expedirá de oficio por el órgano competente para resolver en el plazo de quince días desde que expire el plazo máximo para resolver el procedimiento. Sin perjuicio de lo anterior, el interesado podrá pedirlo en cualquier momento, computándose el plazo indicado anteriormente desde el día siguiente a aquél en que la petición tuviese entrada en el registro electrónico de la Administración u Organismo competente para resolver.

FORMULARIO 14
SOLICITUD CERTIFICADO SILENCIO

(1) Código Identificación de Administración
Expediente: 2805201*0010838
NIE: Y1754974L
Asunto: Renovación de residencia temporal no lucrativa

(2) A LA DELEGACIÓN DEL GOBIERNO
OFICINA DE EXTRANJEROS

(3) Don N*******************o, menor de edad, con NIE Y*************L, y representado por su padre Don S*****************o con NIE Y***********B, con domicilio a efectos de notificación en la calle C**********nº 15 bajo, 280** Madrid, ante el organismo referido anteriormente comparece mediante el presente ESCRITO **SOLICITA CERTIFICADO POR SILENCIO POSITIVO:**

(4) ALEGACIONES

PRIMERO.- SOLICITUD DE **RENOVACIÓN** DE TARJETA DE RESIDENCIA TEMPORAL NO LUCRATIVA.

Con fecha 26 de abril de 201*, se ha presentado en el Registro de la Oficina de Delegación de Gobierno de Extranjeros (calle García Paredes nº 23) de Madrid. Se adjunta como **documento nº 1** comunicación de admisión a trámite del procedimiento.

SEGUNDO.- SILENCIO POSITIVO.-

El Real Decreto 557/2011 en su art. 51.8 establece que pasados 3 meses desde la presentación de la solicitud de renovación de Residencia no Lucrativa si la Administración no resuelve expresamente, se estimara silencio positivo: "*La resolución se notificará al interesado. En el supuesto de que la administración no resuelva expresamente en el plazo de tres meses desde la presentación de la solicitud, se entenderá que la resolución es favorable*"

Por tanto, habiendo transcurrido desde el 26 de abril de 201*, fecha en la que se presento la solicitud de renovación de tarjeta de residencia temporal no lucrativa, tres meses sin que la Administración me haya dado respuesta expresa, la renovación ha sido concedida por silencio positivo.

TERCERO.- CERTIFICACIÓN SILENCIO POSITO. Habiendo transcurrido el plazo de tres meses sin que la Administración haya dado respuesta expresa, y entendiéndose la renovación concedida, solicito el certificado acreditativo del silencio producido conforme art. 24.4 de la Ley 39/2015 de Procedimiento Administrativo Común.

Artículo 24. **Silencio administrativo en procedimientos iniciados a solicitud del interesado**

4. Los actos administrativos producidos por silencio administrativo se podrán hacer valer tanto ante la Administración como ante cualquier persona física o jurídica, pública o privada. Los mismos producen efectos desde el vencimiento del plazo máximo en el que debe dictarse y notificarse la resolución expresa sin que la misma se haya expedido, **y su existencia puede ser acreditada por cualquier medio de prueba admitido en Derecho, incluido el certificado acreditativo del silencio producido**. Este certificado se expedirá de oficio por el órgano competente para resolver en el plazo de quince días desde que expire el plazo máximo para resolver el procedimiento. Sin perjuicio de lo anterior, el interesado podrá pedirlo en cualquier momento, computándose el plazo indicado anteriormente desde el día siguiente a aquél en que la petición tuviese entrada en el registro electrónico de la Administración u Organismo competente para resolver.

En su virtud,

SOLICITO: Que teniendo por presentado este escrito con sus documentos, se sirva admitirlo, y conforme a lo solicitado **ACUERDE EXPEDIR CERTIFICADO DE SILENCIO POSITIVO** producido a la mayor brevedad con el fin de confeccionar la correspondiente tarjeta

(5) Madrid, a 5 de septiembre de 201*

(6) Fdo: S***************

1. Código Identificación de Administración. 2. Órgano o Administración a la que se dirige. 3. Nombre y apellidos del interesado. 4. Exposición de Hechos y aportación de documentos. 5. Lugar y fecha. 6. Firma.

FORMULARIO 15
SOLICITUD ARCHIVO POR CADUCIDAD

Legislación aplicable

Artículo 25. **Falta de resolución expresa en procedimientos iniciados de oficio**

1. En los procedimientos iniciados de oficio, el vencimiento del plazo máximo establecido sin que se haya dictado y notificado resolución expresa no exime a la Administración del cumplimiento de la obligación legal de resolver, produciendo los siguientes efectos:

   a) En el caso de procedimientos de los que pudiera derivarse el reconocimiento o, en su caso, la constitución de derechos u otras situaciones jurídicas favorables, los interesados que hubieren comparecido podrán entender desestimadas sus pretensiones por silencio administrativo.

   b) En los procedimientos en que la Administración ejercite potestades sancionadoras o, en general, de intervención, susceptibles de producir efectos desfavorables o de gravamen, se producirá la caducidad. En estos casos, la resolución que declare la caducidad ordenará el archivo de las actuaciones, con los efectos previstos en el artículo 95.

2. En los supuestos en los que el procedimiento se hubiera paralizado por causa imputable al interesado, se interrumpirá el cómputo del plazo para resolver y notificar la resolución.

FORMULARIO 15
SOLICITUD ARCHIVO POR CADUCIDAD

(1) Código Identificación de Administración
JUNTA MUNICIPAL
DISTRITO ********
Avda. R******* nº 41
280** Madrid
DPTO JURIDICO
PROCEDIMIENTO SANCIONADOR
ASUNTO ALEGACIONES
EXPDTE 113/20**/065**

(2) AL AYUNTAMIENTO DE MADRID

(3) C*********************, mayor de edad, con domicilio a efectos de notificaciones en Madrid, C/**************** A- CP 280**, asistida de la Letrada del Colegio de Abogados de Madrid, S**************, col 58****, con domicilio profesional en Madrid, C/ *************************CP 280**, ante el organismo referido al margen comparece y DICE

Que en el expediente señalado se ha dictado Resolución mediante la que se notifica a la compareciente Inicio de expediente sancionador al considerarla autora de la infracción de incumplimiento de la orden de legalización de obras de "cerramiento de parte del tejado del ático", proponiendo una sanción de 7650 Euros (50 % de 15.300 euros), al considerar que la infracción es "leve de grado medio" y al ser propietaria al 50% del inmueble objeto de las obras.

Que dentro del plazo legal de 15 días, viene por el presente escrito a hacer ALEGACIONES, solicitando ARCHIVO POR CADUCIDAD DEL EXPEDIENTE SANCIONADOR en base a los siguientes

(4) HECHOS

PRIMERO.- El inicio del presente procedimiento sancionador tiene lugar como consecuencia de una denuncia efectuada por A********************* en fecha 16 de marzo del 20**, denuncia que se tramitó bajo el expediente 113/20**/022** (Sección de disciplina urbanística)

SEGUNDO.- El expediente referido de legalización de obras y/o demolición de obras, finaliza con Resolución de fecha 11 de enero del 20**, notificada a la interesada en febrero del 20**

TERCERO.- Que en fecha 13 de marzo del 20** se inicia procedimiento sancionador como consecuencia del incumplimiento de la orden de legalización de obras de "cerramiento del tejado del ático A de fecha 4 de junio del **"

CUARTO.- Que en fecha 25 de junio se dicta propuesta de resolución y se propone la imposición de una multa de 15.000 euros, al no haber solicitado la licencia preceptiva municipal, infracción prevista en el artículo 151 de la Ley *****+en relación con el artículo 195 de la misma norma legal

QUINTO.- Que contra dicha resolución, notificada el pasado 7 de julio del 20**, se presentaron ALEGACIONES mediante escrito de fecha 24 de julio y solicitud de archivo por caducidad también de fecha 24 de julio del mismo año.

SEXTO.- Que por parte de la Administración no se ha procedido a dar contestación a ninguno de los escritos presentados sino hasta el pasado 31 de agosto del presente año, 2010, mediante el que se le notifica nuevo inicio de procedimiento sancionador bajo el número indicado al margen.

FUNDAMENTOS DE DERECHO

PRIMERO.- No resulta conforme a Derecho la resolución que se le notifica a la interesada de inicio de nuevo procedimiento sancionador habida cuenta de que existe ya un procedimiento pendiente por los mismos hechos que no ha sido archivado ni ha sido resuelto toda vez que no se ha procedido a contestar a las alegaciones efectuadas, vulnerándose por tanto, el procedimiento legalmente establecido. La Administración no puede iniciar un nuevo procedimiento sancionador por los siguientes motivos:

a) Porque no ha resuelto el expediente sancionador que se encuentra pendiente, en el que se ventilan los mismos hechos, ni se ha procedido a contestar las alegaciones efectuadas, vulnerando de esta forma el procedimiento legalmente establecido (artículo 47.1 e) de la Ley 39 /15), toda vez que la obligación de la Administración es dar respuesta a las alegaciones realizadas en lugar de iniciar un nuevo procedimiento sancionador

b) . Inseguridad jurídica que genera el hecho de iniciar procedimientos sancionadores cuando lo crea conveniente y modificando fechas y ello a pesar de que los hechos son los mismos sin respetar la legalidad a la que viene obligado.

SEGUNDO.- CADUCIDAD DEL PROCEDIMIENTO

El artículo 195.4 de la Ley ******, establece que "El plazo máximo de notificación de la resolución del procedimiento regulado en este artículo será de diez meses"

A la vista del expediente administrativo de disciplina urbanística requiriendo la legalización de obras y/o demolición de las mismas) que es el origen y causa del presente expediente sancionador podemos señalar lo siguiente

A) Que el mismo tiene su inicio como consecuencia de una denuncia en fecha 16 de marzo del 20++

B) Que tras los trámites legales pertinentes se dicta resolución que pone fin a la vía administrativa en fecha 11 de enero del 20** (resolución que consiste en la orden de demolición de lo indebidamente construido), notificada a la compareciente en febrero del mismo año

C) Que desde marzo del 20** hasta febrero del 20** ha transcurrido un plazo de tiempo superior a 10 meses, esto es, se ha superado el plazo legalmente establecido para la finalización del expediente administrativo con lo que ha de entenderse que el mismo ha caducado, caducidad que ha sido solicitada,

D) Que el inicio del expediente sancionador no era procedente habida cuenta que el expediente origen ya había caducado antes del comienzo de aquél

E) Que no obstante lo anterior, la Administración no ha procedido a contestar a las alegaciones realizadas por esta parte el pasado 24 de julio del 20**, ni ha realizado actuación alguna al respecto sino después de dos años después, es decir, con la notificación del inicio de un nuevo expediente sancionador, que se produce el pasado 31 de agosto.

TERCERO.- VULNERACIÓN DEL PRINCIPIO DE PROPORCIONALIDAD

La Administración pretende imponer una multa de 7.650 euros (50% de 15.300 euros), al ser la propietaria del 50% del inmueble, como autora de una infracción leve del artículo 204.4 en relación con el artículo 207 de la Ley **************.

El artículo 207 de dicho texto legal se recoge que las infracciones leves serán sancionadas con multa de 600 a 30.000 euros.

Con independencia de lo establecido en el artículo 208 de la Ley **** en cuanto a la graduación de las sanciones, la propuesta de resolución ha infringido el principio de proporcionalidad que ha de aplicarse en todo procedimiento sancionador. Las sanciones no sólo han de ser proporcionadas a la infracción realizada sino que además han de ser motivadas, esto es la Administración ha de explicar y justificar qué elementos o circunstancias concurren en el caso concreto que motiven la aplicación de una sanción y no otra inferior o superior.

En el caso concreto la Administración propone la imposición de una sanción pecuniaria por importe de 15.300 euros sin explicar cuáles han sido los motivos para acordar dicho importe y no otro cuando además en la actuación de la supuesta infractora consta elemento alguna que permita presumir que su intención era causar un daño grave ni a terceros ni a intereses públicos.

En el sentido alegado se pronuncia, entre otras, la Sentencia del Tribunal Superior de Justicia de Madrid de fecha 24 de noviembre del 2004, dictada por la Sección novena de la Sala de lo Contencioso, Sentencia nº 965 en la que en su Fundamento de Derecho QUINTO se recoge que

> "El principio de proporcionalidad determina un específico deber público de motivación de los actos sancionadores que no se limita a la sola justificación de la sanción mediante la acreditación de los hechos constitutivos del ilícito y a la culpabilidad del sujeto pasivo de la imputación administrativa; antes al contrario, la exigencia de que dicha consecuencia jurídica sancionadora resulte proporcionada habrá de forzar un adicional esfuerzo motivador que se extienda a la justificación de los motivos por los cuales se impone una concreta sanción y no otra distinta igualmente permitida y menos gravosa, o la misma sanción, pero con cuantía o duración inferior. El principio de proporcionalidad determina un específico deber público de motivación de los actos sancionadores que no se limita a la sola justificación de la sanción mediante la acreditación de los hechos constitutivos del ilícito y a la culpabilidad del sujeto pasivo de la imputación administrativa; antes al contrario, la exigencia de que dicha consecuencia jurídica sancionadora resulte proporcionada habrá de forzar un adicional esfuerzo motivador que se extienda a la justificación de los motivos por los cuales se impone una concreta sanción y no otra distinta igualmente permitida y menos gravosa, o la misma sanción, pero con cuantía o duración inferior"

CUARTO.- FALTA DE ACTIVIDAD PROBATORIA.-

Sin perjuicio de lo alegado hasta el momento, la sanción que se impone no encuentra su correspondiente acreditación en el procedimiento del que trae causa, esto es, en el expediente inicial de legalización de obras, en fecha 18 de octubre del 20** y tras la inspección realizada por Agentes de la Policía Municipal se informa al departamento correspondiente de que las obras realizadas consisten en un habitación y un aseo y no se hace referencia al cerramiento del tejado, actuación que conlleva la infracción que se pretende imponer.

Por lo expuesto **SOLICITA**:

Que tenga por presentado este escrito junto con la documentos que se adjuntan, por hechas las alegaciones en tiempo y forma y a la vista de su contenido se proceda a archivar el expediente de referencia por los siguientes motivos: Caducidad del procedimiento y,

Nulidad de la resolución notificada el pasado 31 de agosto por vulnerar el procedimiento legalmente establecido, al tenerse que dictar una resolución que contenga respuesta a las alegaciones realizadas por esta parte pero no el inicio de un nuevo procedimiento sancionador y, ello conforme a lo establecido en el artículo 47.1 e) de la Ley 39 /2015

(5) Madrid a 13 de septiembre del 20**

(6) Fdo. C*************

1. Código Identificación de Administración. 2. Órgano o Administración a la que se dirige. 3. Nombre y apellidos del interesado. 4. Exposición de Hechos y aportación de documentos. 5. Lugar y fecha. 6. Firma.

FORMULARIO16
SOLICITUD DE ARCHIVO CADUCIDAD (otro modelo)

Legislación aplicable

Artículo 25. **Falta de resolución expresa en procedimientos iniciados de oficio**

1. En los procedimientos iniciados de oficio, el vencimiento del plazo máximo establecido sin que se haya dictado y notificado resolución expresa no exime a la Administración del cumplimiento de la obligación legal de resolver, produciendo los siguientes efectos:

a) En el caso de procedimientos de los que pudiera derivarse el reconocimiento o, en su caso, la constitución de derechos u otras situaciones jurídicas favorables, los interesados que hubieren comparecido podrán entender desestimadas sus pretensiones por silencio administrativo.

b) En los procedimientos en que la Administración ejercite potestades sancionadoras o, en general, de intervención, susceptibles de producir efectos desfavorables o de gravamen, se producirá la caducidad. En estos casos, la resolución que declare la caducidad ordenará el archivo de las actuaciones, con los efectos previstos en el artículo 95.

2. En los supuestos en los que el procedimiento se hubiera paralizado por causa imputable al interesado, se interrumpirá el cómputo del plazo para resolver y notificar la resolución.

FORMULARIO 16
SOLICITUD DE ARCHIVO CADUCIDAD (otro modelo)

(1) Código Identificación de Administración
EXPEDIENTE EXPULSIÓN 758/201*
EXTRANJERÍA

(2) A LA DELEGACIÓN DEL GOBIERNO EN CEUTA
SERVICIO DE EXTRANJERÍA

(3) D. **************mayor de edad, nacional de S**** con pasaporte *******, asistido y representado por D. Luis Vidal de Martín Sanz, Abogado del ICAM, con domicilio a efectos de notificación en Calle San José nº *******en R********************,, como mejor proceda en derecho Digo:

Que mediante el presente escrito solicitamos se declare la CADUCIDAD DEL EXPEDIENTE DE EXPULSIÓN incoado EN MAYO DE 20**.

Todo ello basado en las siguientes

ALEGACIONES

PRIMERO: El Sr. K**** entró en España en Febrero de 20** solicitando asilo (Documento 1) y estando acogido en el programa de acogida del CETI de Ceuta

(Documento 2)

SEGUNDO: Que transcurridos tres años desde febrero de 20** está en disposición de solicitar ARRAIGO SOCIAL DEL Reglamento de Extranjería puesto que tiene una oferta de empleo.

TERCERO: Que presentada dicha solicitud el 1 de septiembre de 20**

(Documento 3), le es inadmitida a trámite puesto que le consta pendiente una orden de expulsión judicial o administrativa según expone la resolución de inadmsión

(Documento 4)

CUARTO: No es cierto que conste una orden de Expulsión. El Sr. K************** no se le ha notificado orden de expulsión ninguna.

Si bien es cierto que el 10 de mayo de 20** se notificó a mi representado Acuerdo de iniciador del procedimiento preferente de expulsión, en base al art. 53 a) de la Ley Orgánica 14/2003 de 20 de noviembre, de reforma de la LO. 4/2000 sobre Derechos y Libertades de los Extranjeros en España. Adjunto copia de la citada notificación como (Documento nº 5.)

QUINTO: El acuerdo notificado a mi representado por la Comisaría del Cuerpo Nacional de Policía de Ceuta indicaba, en su punto Cuarto, que 'De acreditarse la indicada fracción la sanción puede llegar a imponerse es la de expulsión del territorio español, con prohibición de entrada en él por un periodo mínimo de tres años y máximo de diez.'

SEXTO: En materia de extranjería el Art. ***** establece un plazo de caducidad de 6 meses. "...Transcurrido dicho plazo sin haberse resuelto y notificado la expresada resolución se producirá la caducidad del procedimiento y se procederá al archivo de las actuaciones.

SÉPTIMO: Que transcurrido sobradamente el plazo de seis meses para resolver y notificar desde la incoación del expediente de expulsión, y no habiéndose notificado resolución alguna. Conforme el art. 25.1 B de la Ley 39/2015 SE PRODUCE LA CADUCIDAD b) En los procedimientos en que la Administración ejercite potestades sancionadoras o, en general, de intervención, susceptibles de producir efectos desfavorables o de gravamen, se producirá la caducidad. En estos casos, la resolución que declare la caducidad ordenará el archivo de las actuaciones, con los efectos previstos en el artículo 95.

OCTAVO: Conforme a lo expuesto en el expositivo del presente escrito, el plazo máximo de Seis meses para resolver el procedimiento ha sido sobradamente superado, puesto que han pasado ya más de Tres años desde la incoación del expediente. Mediante el presente escrito solicito CERTIFICACIÓN DE ARCHIVO POR CADUCIDAD en el plazo de Quince días dispuesto por el artículo 24.5 de la Ley 39/2015 antes citada:

Art. 24.5 Los actos administrativos producidos por silencio administrativo se podrán hacer valer tanto ante la Administración como ante cualquier persona física o jurídica, pública o privada. Los mismos producen efectos desde el vencimiento del plazo máximo en el que debe dictarse y notificarse la resolución expresa sin que la misma se haya expedido, y su existencia puede ser acreditada por cualquier medio de prueba admitido en Derecho, incluido el certificado acreditativo del silencio producido. Este certificado se expedirá de oficio por el órgano competente para resolver en el plazo de quince días desde que expire el plazo máximo para resolver el procedimiento. Sin perjuicio de lo anterior, el interesado podrá pedirlo en cualquier momento, computándose el plazo indicado anteriormente desde el día siguiente a aquél en que la petición tuviese entrada en el registro electrónico de la Administración u Organismo competente para resolver.

NOVENO: Arraigo en España. Que el interesado ha demostrado una voluntad firme y clara de permanecer legal en España (primero solicitando asilo, estando documentado provisionalmente y agotando el ejercicio de sus derechos a través de los oportunos recursos) Además tiene posibilidades de insertarse en el mercado laboral por lo que la incoación de dicho expediente no puede ser obstáculo para obtener una autorización de trabajo por la vía del arraigo.

SOLICITO: Que teniendo por presentado este escrito declare la caducidad del expediente de expulsión incoado a D.************** y expida certificado de caducidad en el plazo máximo de quince días conforme a los artículos 25.1b y 24.5 de la Ley 39/2015 de Procedimiento Administrativo Común.

Es Justicia que pido en Ceuta a 1 de Octubre de 20**

Fdo. K*******************

1. Código Identificación de Administración. 2. Órgano o Administración a la que se dirige. 3. Nombre y apellidos del interesado. 4. Exposición de Hechos y aportación de documentos. 5. Lugar y fecha. 6. Firma.

FORMULARIO 17
SOLICITUD REVOCACIÓN ACTO

Legislación

Artículo 109 **Revocación de actos y rectificación de errores**

1. Las Administraciones Públicas podrán revocar, mientras no haya transcurrido el plazo de prescripción, sus actos de gravamen o desfavorables, siempre que tal revocación no constituya dispensa o exención no permitida por las leyes, ni sea contraria al principio de igualdad, al interés público o al ordenamiento jurídico.

FORMULARIO 17
SOLICITUD REVOCACIÓN ACTO

ExpeXXXXXX/201*

(1) Código Identificación de Administración

(2) A LA DELEGACIÓN DEL GOBIERNO EN MADRID
ÁREA DE TRABAJO E INMIGRACIÓN
Calle García de Paredes, 65 (28010) Madrid

(3) Don **Luis Vidal Martín Sanz**, Letrado del ICAM nº 5***, en nombre y representación de DON *************** mayor de edad, nacional de P******** con Número de Pasaporte **C***** y domicilio a efectos de notificaciones en la calle *********, número *,, de Madrid, ante la Oficina de Extranjería de la Delegación de Gobierno de Madrid comparezco y **DIGO:**

Que mediante el presente escrito vengo a interponer ampliación del escrito de solicitud de revocación de la orden de expulsión y prohibición de entrada de Don ************* presentada el pasado 4 de noviembre de 201* y que se adjunta como **Documento número 1,** en base a las siguientes

(4) ALEGACIONES

PRIMERA: Don *********** está casado con Doña ************man desde el 16 de Septiembre de 19**, como puede apreciarse mediante el certificado de matrimonio que se adjunta como **Documento número 2.**

SEGUNDA: Su esposa, Doña ******************* **obtuvo la nacionalidad española** el día 28 de febrero de 2013. En la actualidad la nacionalidad española de Doña *************************consta inscrita en el Registro Civil de Madrid. Se acompaña a este escrito como **Documento número 3** certificación literal del Registro Civil de Madrid en la que consta la inscripción de la nacionalidad española de Doña **********

Por este motivo, Don ***********o ha de pasar a ser considerado familiar de comunitario, resultándole aplicable desde este momento el régimen contenido en el RD 240/2007, de 16 de febrero, sobre entrada, libre circulación y residencia en España de ciudadanos de los Estados miembros de la Unión Europea y de otros Estados parte en el Acuerdo sobre el Espacio Económico Europeo. Por ello, y en virtud del artículo 3 del mismo Real Decreto, Don *************** tendrá derecho a entrar, salir, circular y residir libremente en territorio español.

Por todo lo anterior, y teniendo en cuenta la situación actual de Don Eusebio Ramón Colman, **procede revocar la orden de expulsión** para dar paso a una residencia legal en España por resultar la expulsión totalmente innecesaria y contraria al interés general.

FUNDAMENTOS JURÍDICOS

I. En virtud del art. 109.1 de la Ley 39/2015 de Procedimiento Administrativo Común podrán revocar en cualquier momento sus actos no declarativos de derechos y de cualquier gravamen, siempre que tal revocación no sea contraria al orden público.

II. En virtud del artículo 14.4 del Real Decreto 240/2007, de 16 de febrero, los ciudadanos comunitarios así como sus familiares podrán acreditar ser beneficiarios del régimen comunitario previsto en el presente Real Decreto **por cualquier medio de prueba admitido en Derecho**.

Por ello, en virtud de este artículo y dada la situación personal de Don ************Colman, ha quedado acreditado mediante la aportación del certificado de matrimonio y de la certificación literal del Registro Civil de Madrid en la que consta la nacionalidad española de su esposa, que Don ********** debe ser considerado **familiar de comunitario, y por ello se le deben reconocer a partir de este momento todos los derechos que a esta condición confiere la legislación española y europea.**

En base a todo lo anterior, y al artículo 10) del la Ley 39/2015,del Procedimiento Administrativo Común.

SOLICITO: Que teniendo por presentado este escrito con sus documentos, se sirva admitirlo, y conforme a lo alegado, proceda a revocar la orden de expulsión de Don ***********al haber quedado la misma sin contenido.

Es Justicia que pido en Madrid a 28 de noviembre de 201*

1. Código Identificación de Administración. 2. Órgano o Administración a la que se dirige. 3. Nombre y apellidos del interesado. 4. Exposición de Hechos y aportación de documentos. 5. Lugar y fecha. 6. Firma.

FORMULARIO 18
RECURSO REPOSICIÓN

Legislación

Recurso potestativo de reposición

Artículo 123. **Objeto y naturaleza**

1. Los actos administrativos que pongan fin a la vía administrativa podrán ser recurridos potestativamente en reposición ante el mismo órgano que los hubiera dictado o ser impugnados directamente ante el orden jurisdiccional contencioso-administrativo.

2. No se podrá interponer recurso contencioso-administrativo hasta que sea resuelto expresamente o se haya producido la desestimación presunta del recurso de reposición interpuesto.

Artículo 124. **Plazos**

1. El plazo para la interposición del recurso de reposición será de un mes, si el acto fuera expreso. Transcurrido dicho plazo, únicamente podrá interponerse recurso contencioso-administrativo, sin perjuicio, en su caso, de la procedencia del recurso extraordinario de revisión.

Si el acto no fuera expreso, el solicitante y otros posibles interesados podrán interponer recurso de reposición en cualquier momento a partir del día siguiente a aquel en que, de acuerdo con su normativa específica, se produzca el acto presunto.

2. El plazo máximo para dictar y notificar la resolución del recurso será de un mes.

3. Contra la resolución de un recurso de reposición no podrá interponerse de nuevo dicho recurso.

FORMULARIO 18
RECURSO REPOSICIÓN

Expediente: 280120**0001065

AL ÁREA DE TRABAJO
DE LA DELEGACIÓN DEL GOBIERNO EN MADRID

Don LUIS VIDAL DE MARTÍN SANZ, Abogado del ICAM nº****, en nombre de Don M*********** y domicilio a efectos de notificaciones en calle Orense ******* de *****+, ante la Delegación del Gobierno en Madrid comparezco y DIGO:

Que con fecha 24 de abril de 201* se ha notificado resolución por la cual se Deniega la autorización de residencia y trabajo inicial por cuenta ajena como personal de confianza, siendo Consejero Delegado de la empresa, adjunto resolución como documento nº 1, y encontrándola no conforme a Derecho, por medio de este escrito interpongo RECURSO POTESTATIVO DE REPOSICIÓN en tiempo y forma en base a las siguientes:

ALEGACIONES

PRIMERA.- Don Miguel Gowland, el 30 de junio de 201*, solicito en la Dirección General de la Policía y Guardia Civil un N.I.E, con el fin de poder constituir la entidad filial O*************S.L. en España, se aporta como documento nº 2 el número de NIE concedido.

SEGUNDA.- Que el interesado presentó solicitud de autorización de residencia temporal y trabajo por cuenta ajena inicial en fecha 18 de enero de 201*, adjunto solicitud de autorización de residencia temporal y trabajo por cuenta ajena, y contrato de trabajo como documentos nº 3 y 4.

En el mismo acto se efectúo requerimiento del pago de las tasas por parte del funcionario actuante que fue debidamente atendido, presentándose las mismas el 27 de enero de 201* actuante, que fue debidamente atendido. Adjunto impreso sellado, requerimiento efectuado, y escrito aportando la documentación necesaria como documentos nº 5, 6 Y 7.

TERCERA.- Que se ha notificado resolución de Denegación de la autorización de residencia. Dicho acuerdo se basa en que "la oferta de trabajo se realiza para cubrir un puesto de trabajo de Consultor, ocupación que no se encuentra incluida en el Catálogo de ocupaciones de difícil cobertura por lo tanto, se hace necesario la gestión de la oferta de trabajo ante los servicios públicos de empleo que acredite que no existen candidatos inscritos como desempleados en los mismos, con la capacitación adecuada para el desempeño del puesto de trabajo ofertado, dado que el trabajador extranjero no es nacional de un estado con los que España tiene suscrito convenio internacional a tal efecto ni se encuentra en alguno de los supuestos de no aplicación de la situación nacional de empleo establecidos en el artículo 40 de la LO 4/2000, de 11 de enero, debido a que no ha quedado suficientemente acreditado los requisitos exigidos en la disposición adicional decimoquinta del R.D. 557/2011, para la cobertura de puestos de confianza, toda vez que examinada la documentación aportada por el interesado acerca de las funciones a realizar por el trabajador extranjero no se deduce que sean propias del desempeño de un puesto de alta dirección, toda vez que no permite ningún poder de decisión para el trabajador respecto a la administración de la empresa, constatándose además la inexistencia de un poder general a favor del trabajador".

CUARTA.- Se omite la condición de Socio Consultor, argumentando la Delegación de Gobierno que es simplemente Consultor.

El primer motivo que argumenta la Delegación de Gobierno para denegar la solicitud de autorización de residencia y trabajo inicial por cuenta ajena como personal de confianza es que la oferta de trabajo se realiza para cubrir un puesto de trabajo de Consultor, ocupación que no se encuentra incluida en el Catálogo de ocupaciones de difícil cobertura.

En la solicitud se especifico que el tipo de autorización inicial solicitada es un supuesto específico de exención de la situación nacional de empleo del Art. 40 LO 4/2000 como personal de confianza, aportándose como prueba de ello:

- Escritura de Constitución de la entidad mercantil, constando M********* como socio de la entidad, se aporta como documento nº 8.
- Escritura de elevación a público de los acuerdos sociales de la entidad donde se nombra a M*********** como Consejero Delegado Único, se aporta como documento nº 9.

Examinando la mencionada documentación, evidentemente, no se puede considerar a M************ sólo como un Consultor según se argumenta en la resolución, hay que considerarlo como lo que es, personal de confianza, concretamente Consejero Delegado Único además de Socio de la empresa mercantil, teniendo atribuidas todas las facultades que puede ostentar un Consejero Delegado, lo cual es de fácil comprobación al observar los documentos anteriormente mencionados y al consultar en el Registro Mercantil de Madrid donde se encuentran ambas escrituras debidamente registradas.

QUINTA.- No tiene que pasar la Situación Nacional de Empleo (SNE) por ser Consejero Delegado Único y tener otorgado poder con todas la facultades delegables debidamente inscrito en el Registro Mercantil de Madrid.

El segundo motivo de argumentación para la denegación del permiso de la autorización de residencia y trabajo inicial por cuenta ajena como personal de confianza siendo Consejero Delegado es el siguiente: "ni se encuentra en alguno de los supuestos de no aplicación de la situación nacional de empleo establecidos en el artículo 40 de la LO 4/2000, de 11 de enero" no siendo esto correcto debido a que en la escritura de elevación a público de los acuerdos sociales de la entidad mercantil "O**************S.L." del 27 de octubre de 201*, que se aporta como documento nº 9, y que el día 18 de enero de 201* ya se aporto con la solicitud de autorización de residencia y trabajo inicial por cuenta ajena, SE NOMBRA A MIGUEL GOWLAND COMO CONSEJERO DELEGADO ÚNICO, delegándose en él todas las facultades que legal y estatutariamente son delegables para que sean desempeñadas de forma indistinta por dicho señor quien acepta la delegación conferida, la cual esta debidamente inscrita en el Registro Mercantil de Madrid con fecha de 14 de diciembre de 201*:

- tomo 290**
- folio 21**
- sección *
- hoja M-522**
- firmada ante el notario C*************l día 27 de octubre de 201* con número de protocolo 3.5**.

El Real Decreto 557/2011, de 20 de abril, en su disposición adicional decimoquinta dice lo siguiente: "A los efectos del artículo 40.2 a) de la Ley Orgánica 4/2000, de 11 de enero, se considera que ocupan puestos de confianza aquellos trabajadores que desempeñen únicamente actividades propias de alta dirección por cuenta de la empresa que los contrate, basadas en la recíproca confianza y que ejerzan legalmente la representación de la empresa o tengan extendido a su favor un poder general.

Asimismo, tendrán la misma consideración los trabajadores altamente cualificados que tengan conocimiento esencial para la realización de la inversión y sean especialistas o desempeñen funciones relacionadas con la dirección, gestión y administración necesarias para el establecimiento, desarrollo o liquidación de la citada inversión. Estos trabajadores deben poseer acreditada experiencia en la realización de dichas funciones o haber realizado trabajos en puestos similares en la empresa inversora o en el grupo de empresas en el que puede estar integrada esta última".

Como debidamente se acredita en la solicitud de autorización de residencia temporal y trabajo por cuenta ajena que se aporta como documento nº 2, el tipo de autorización solicitada es inicial, dentro de los supuestos específicos de exención de la situación nacional de empleo del Art. 40 LO 4/2009, como personal de confianza.

Un CONSEJERO DELEGADO ÚNICO, CON PARTICIPACIONES SOCIALES DENTRO DE LA EMPRESA es impensable no considerarlo como personal de confianza, aportándose documentalmente todas las pruebas fehacientes existentes.

SEXTA.- Es Administrador de *************** S.L.

El tercer motivo de denegación se base en: "que las funciones a realizar por el trabajador extranjero no se deduce que sean propias de un puesto de alta dirección toda vez que no permite ningún poder de decisión para el trabajador respecto a la administración de la empresa, constatándose además la inexistencia de un poder general a favor del trabajador".

El día 18 de enero de 201* junto con la solicitud de autorización de residencia temporal y trabajo por cuenta ajena se hizo entrega de copia de las siguientes escrituras debidamente todas ellas inscritas en el Registro Mercantil de Madrid como se puede comprobar, y que a continuación se vuelven a adjuntar a este Recurso de Reposición:

a) Escritura de constitución de la entidad O***************S.L., y en la cual M*****************. Se aporta como documento nº 8.
b) Escritura elevando a público los acuerdos sociales de la entidad mercantil O*******+S.L., en la cual consta que M*********** tiene 2.332 participaciones sociales, que representan el 15% del capital social y es nombrado CONSEJERO DELEGADO ÚNICO delegándose en el todas las facultades que legal y estatutariamente son delegables para que sean desempeñadas de forma indistinta por dicho señor quien acepta la delegación conferida. Se aporta como documento nº 9.
c) PODER otorgado por la sociedad O*********** S.L. a J*****, este poder LO CONCEDE M**************OMO CONSEJERO DELEGADO ÚNICO de la sociedad. Se aporta como documento nº 10.

A este motivo le tenemos que añadir que el artículo 233 del Real Decreto Legislativo 1/2010, de 2 de julio, por el que se aprueba el texto refundido de la Ley de Sociedades de Capital establece lo siguiente: *"Cuando el consejo, mediante el acuerdo de delegación, nombre una comisión ejecutiva o uno o varios consejeros delegados, se indicará el régimen de su actuación".*

En la escritura de constitución de la entidad O***************.L. aportada como documento nº 8 aparecen los Estatutos de la Sociedad, en su artículo número 18 se establece lo siguiente: "*El Órgano de Administración designado por la Junta General de Socios, representará a la Sociedad en todos los asuntos comprendidos dentro del objeto social y relativos al giro o tráfico de la misma, sin limitación alguna, obligándola con sus actos y contratos, pudiendo ejercitar cuantas facultades no estén expresamente reservadas por la Ley o por estos estatutos, a la Junta General*".

Con fecha 27 de octubre de 201* se elevan a público los acuerdos sociales de la entidad mercantil, aportados como documento nº 9, estableciéndose en el acuerdo segundo lo siguiente: *"el nombramiento como Consejero Delegado Único a Don M************ en quién se delegan todas las facultades que legal y estatutariamente son delegables para que sean desempeñadas de forma indistinta por dicho señor quien acepta la delegación conferida".*

Además, en la actualidad, con fecha 2 de abril de 201*, se elevan a públicos los acuerdos sociales de la entidad mercantil "O*********************1.L.", donde Don M************sigue ejerciendo su cargo de Consejero Delegado, como se constata en el documento nº 11.

Según las escrituras anteriormente mencionadas se esta contradiciendo el Real Decreto 557/2011, de 20 de abril es su disposición adicional decimoquinta, así como la LO 4/2000, de 11 de enero, en su artículo 40.2. a)

Además, como se explico claramente en la memoria entregada junto con la solicitud de autorización de residencia temporal y trabajo por cuenta ajena, M****************ha realizado el lanzamiento de las operaciones de O************** en España en octubre de 20**, además de haber cerrado contratos de formación con diez en España entre los que se encuentran Ç**********************

M******* ejecuta el plan estratégico global en el país basado en el crecimiento y la diversificación de clientes. Además, es el director de cuentas clave para Telefónica, y gestiona la relación con este cliente a nivel mundial.

En el contexto señalado y ante la existencia de múltiples proyectos en ejecución y otros pendientes de su inicio y desarrollo de la O*************, con distintas empresas españolas, se requiere el permiso de trabajo de *************** para poder establecerse en Madrid y poder controlar todos los proyectos que se llevan a cabo en nuestro país.

SÉPTIMA.- Interés económico para España y creación de puestos de trabajo.

Desde la constitución de la empresa O*************S.L. el 30 de junio de 201*, aportándose copia de la misma como documento nº 7, de la cual M************** también es socio y Consejero Delegado Único, se han creado puestos de trabajo como se puede acreditar en el documento nº 12.

La empresa en seis meses de "vida" tiene un amplio movimiento de capital, lo cual se puede comprobar en los modelos presentados en la Agencia Tributaria, los cuales aportamos junto con el Recurso de Reposición:

a) Modelo 190, retenciones e ingresos a cuenta del IRPF anual, como documento nº 13, siendo el importe total de las percepciones relacionadas 54.964,32 euros y el importe total de las retenciones e ingresos a cuenta relacionados 7.220,64 euros.

b) Modelo 349, declaración recapitulativa de operaciones intracomunitarias, como documento nº 14, siendo el importe total de las operaciones intracomunitarias 8.010 euros.

c) Modelo 111, retenciones e ingresos a cuenta del IRPF del 4º trimestre de 2011 y 1º trimestre de 2012 como documento nº 15 y 16.

d) Modelo 303, Impuesto sobre el Valor Añadido, como documento nº 17, siendo el importe a ingresar en la AEAT 56.360,44 euros.

e) Modelo 347, declaración anual de operaciones con terceras personas, como documento nº 18. Realizando sólo con Telefónica un importe anual de 535.858,96 euros.

f) Informe de vida laboral, vile, donde constan dos personas contratadas en lo que va de año, como documento nº 19.

g) Informe de trabajadores en alta, como documento nº 20.

Antes de constituir O*********** S.L., la tributación se realizaba en Reino Unido, es por este motivo, por el que la constitución de esta entidad mercantil es de interés económico para España, así como la creación de puestos de trabajo.

En este año se tiene previsto crear 15 puestos de trabajo, dos de ellos ya se han creado como se puede apreciar en el documento nº 19 y 20. Además, tenemos que tener en cuenta que en la actualidad se han creado puestos de trabajo indirectos los cuales han recibido unos ingresos anuales de 500.000 euros en total.

Para el año 201*, se tiene proyectado facturar por la mencionada entidad mercantil 1.500.000 euros (UN MILLÓN QUINIENTOS MIL EUROS).

OCTAVA.- NULIDAD POR VULNERAR EL REAL DECRETO 557/2011 EN SU DISPOSICIÓN ADICIONAL DECIMOQUINTA.

La Ley 30/1992, de 26 de noviembre, de Régimen Jurídico de las Administraciones Públicas y del Procedimiento Administrativo Común en su artículo 47.2 establece lo siguiente:

> "...También serán nulas de pleno derecho las disposiciones administrativas que vulneren la Constitución, las leyes u otras disposiciones administrativas de rango superior, las que regulan materias reservadas a la Ley, y las que establezcan la retroactividad de disposiciones sancionadoras no favorables o restrictivas de derechos individuales".

Tenemos motivos para pedir la nulidad de la denegación de la autorización de residencia y trabajo inicial por cuenta ajena debido a que la disposición adicional decimoquinta del Real Decreto 557/2011, de 20 de abril, establece que ocupan puestos de confianza aquellos trabajadores que desempeñen únicamente actividades propias de alta dirección por cuenta de la empresa que los contrate, basadas en la recíproca confianza y que ejerzan legalmente la representación de la empresa o tengan extendido a su favor un poder general.

El poder general al cual hace referencia la disposición adicional decimoquinta del real Decreto 557/2011, de 20 de abril, fue aportado el día 18 de enero de 2012 junto con la solicitud de autorización de residencia temporal y trabajo por cuenta ajena especificando que el tipo de autorización que solicitamos es uno de los supuestos específicos de exención de la situación nacional de empleo del art. 40 de LO 4/2000, por ser la persona recurrente Consejero Delegado Único, por tanto, se esta CONTRADICIENDO EL ARTÍCULO 47.2 DE LA LEY 39/2015, debido a que se está vulnerando lo establecido en el mencionado Real Decreto.

NOVENA.- NULIDAD POR VULNERACIÓN DEL ARTÍCULO 40.2 DE LA LEY ORGÁNICA 4/2000 y EL ARTÍCULO 233 DEL REAL DECRETO LEGISLATIVO 1/2010 POR EL QUE SE APRUEBA EL TEXTO REFUNDIDO DE LA LEY DE SOCIEDADES DE CAPITAL.

Anteriormente ya se han mencionado las escrituras y poder que se adjuntaron con la solicitud de trabajo y residencia temporal y trabajo por cuenta ajena dentro de los supuestos específicos de exención de la situación nacional de empleo del art. 40 LO 4/2000, el cual dice lo siguiente:

> **"Artículo 40.2 a)** supuestos específicos de exención de la situación nacional de empleo. 2. Tampoco se tendrá en cuenta la situación nacional de empleo, en las condiciones que se determinen reglamentariamente para: a) Cobertura de puestos de confianza y directivos de empresas"

Se deja claro que se cumplen los requisitos establecidos por este artículo para conceder la autorización y que son los siguientes:

a) Escritura de constitución de la entidad *^************S.L., y en la cual M*******+ tiene participaciones. Se aporta como <u>documento nº 8.</u>

b) Escritura elevando a público los acuerdos sociales de la entidad mercantil O******** S.L., en la cual consta que M************tiene 2.332 participaciones sociales, que representan el 15% del capital social y es nombrado CONSEJERO DELEGADO ÚNICO delegándose en el todas las facultades que legal y estatutariamente son delegables para que sean desempeñadas de forma indistinta por dicho señor quien acepta la delegación conferida. Se aporta como <u>documento nº 9.</u>

c) Poder otorgado por la sociedad O************ S.L. a J************, este poder lo concede M********* como Consejero Delegado Único de la sociedad. Se aporta como documento nº 10.

El Real Decreto Legislativo 1/2010, de 2 de julio, por el que se aprueba el texto refundido de la Ley de Sociedades de Capital en su artículo 233.2 dice:

> "*Cuando el consejo, mediante el acuerdo de delegación, nombre una comisión ejecutiva o uno o varios consejeros delegados, se indicará el régimen de su actuación*".

Con fecha 27 de octubre de 2011 se elevan a público los acuerdos sociales de la entidad mercantil, aportados como documento nº 9, estableciéndose en el acuerdo segundo lo siguiente: *"el nombramiento como Consejero Delegado Único a Don M************ en quién se delegan todas las facultades que legal y estatutariamente son delegables para que sean desempeñadas de forma indistinta por dicho señor quien acepta la delegación conferida"*

El hacer caso omiso a lo establecido en el artículo 40.2 de la Ley Orgánica 4/2000 y al artículo 233 del Real Decreto Legislativo 1/2010 por el que se aprueba el texto refundido de la Ley de Sociedades de Capital VUELVE A VULNERAR EL ARTÍCULO 47.2 DE LA LEY ORGÁNICA 39/2015, donde se establece que serán nulas de pleno derecho las disposiciones administrativas que vulneren las leyes u otras disposiciones administrativas de rango superior y las que regulen materias reservadas a la Ley.

DÉCIMA.- NULIDAD POR VULNERACIÓN DEL DERECHO DE DEFENSA 47.1 a)

La Ley 39/2015 también establece en su artículo 68.1 1. Si la solicitud de iniciación no reúne los requisitos que señala el artículo 66, y, en su caso, los que señala el artículo 67 u otros exigidos por la legislación específica aplicable, se requerirá al interesado para que, en un plazo de diez días, subsane la falta o acompañe los documentos preceptivos, con indicación de que, si así no lo hiciera, se le tendrá por desistido de su petición, previa resolución que deberá ser dictada en los términos previstos en el artículo 21.

Si en la solicitud de autorización de residencia y trabajo inicial por cuenta ajena presentada el día 18 de enero de 201*2, dentro de los supuestos específicos de exención de la situación nacional de empleo del art. 40 LO 4/2000, si no hubiera estado realmente acreditado, no la hubieran admitido a trámite o nos hubieran requerido en el mismo acto de la presentación. Igualmente, si hubieran tenido alguna duda de la condición de Consejero Delegado Único de la empresa empleadora durante la resolución del expediente, según el artículo mencionado, nos podían haber requerido nuevamente las escrituras o poderes, y en ningún momento se realizó.

Ante esto, y lo mencionado en el apartado anterior se está LESIONANDO UN DERECHO SUSCEPTIBLE DE AMPARO CONSTITUCIONAL, SEGÚN EL ARTÍCULO 47.1 a), PORQUE SE ESTÁN LESIONANDO DERECHOS Y LIBERTADES SUSCEPTIBLES DE AMPARO CONSTITUCIONAL.

DUODÉCIMA.- Que en vista del cumplimiento de todos los requisitos establecidos normativamente, corresponde conceder a Don Miguel Gowland la autorización de residencia y trabajo solicitada.

En virtud de todo lo expuesto anteriormente:

SOLICITO A ESTE ÓRGANO: Que tenga por presentado este escrito junto con sus documentos y lo admita, teniendo por interpuesto RECURSO DE REPOSICIÓN contra la resolución de la Delegación de Gobierno en Madrid por la denegación de la autorización de residencia y trabajo inicial por cuenta ajena presentada el día 18 de enero de 201* por el empleador **************S.L., a favor del trabajador Don *************d, y tras la tramitación legal estime el mismo recurso y acuerde reponer la resolución recurrida acordando conceder la autorización de trabajo y residencia como personal de confianza.

En Madrid, a 21 de mayo de 201*

LUIS VIDAL DE MARTÍN SANZ.

FORMULARIO 19
RECURSO REPOSICIÓN CON SUSPENSIÓN DEL ACTO

Recurso potestativo de reposición

Artículo 123. **Objeto y naturaleza**

1. Los actos administrativos que pongan fin a la vía administrativa podrán ser recurridos potestativamente en reposición ante el mismo órgano que los hubiera dictado o ser impugnados directamente ante el orden jurisdiccional contencioso-administrativo.

2. No se podrá interponer recurso contencioso-administrativo hasta que sea resuelto expresamente o se haya producido la desestimación presunta del recurso de reposición interpuesto.

Artículo 124. **Plazos**

1. El plazo para la interposición del recurso de reposición será de un mes, si el acto fuera expreso. Transcurrido dicho plazo, únicamente podrá interponerse recurso contencioso-administrativo, sin perjuicio, en su caso, de la procedencia del recurso extraordinario de revisión.

Si el acto no fuera expreso, el solicitante y otros posibles interesados podrán interponer recurso de reposición en cualquier momento a partir del día siguiente a aquel en que, de acuerdo con su normativa específica, se produzca el acto presunto.

2. El plazo máximo para dictar y notificar la resolución del recurso será de un mes.

3. Contra la resolución de un recurso de reposición no podrá interponerse de nuevo dicho recurso.

Artículo 117. **Suspensión de la ejecución**

1. La interposición de cualquier recurso, excepto en los casos en que una disposición establezca lo contrario, no suspenderá la ejecución del acto impugnado.

2. No obstante lo dispuesto en el apartado anterior, el órgano a quien competa resolver el recurso, previa ponderación, suficientemente razonada, entre el perjuicio que causaría al interés público o a terceros la suspensión y el ocasionado al recurrente como consecuencia de la eficacia inmediata del acto recurrido, podrá suspender, de oficio o a solicitud del recurrente, la ejecución del acto impugnado cuando concurran alguna de las siguientes circunstancias:

a) Que la ejecución pudiera causar perjuicios de imposible o difícil reparación.

b) Que la impugnación se fundamente en alguna de las causas de nulidad de pleno derecho previstas en el artículo 47.1 de esta Ley.

3. La ejecución del acto impugnado se entenderá suspendida si transcurrido un mes desde que la solicitud de suspensión haya tenido entrada en

el registro electrónico de la Administración u Organismo competente para decidir sobre la misma, el órgano a quien competa resolver el recurso no ha dictado y notificado resolución expresa al respecto. En estos casos, no será de aplicación lo establecido en el artículo 21.4 segundo párrafo, de esta Ley.

4. Al dictar el acuerdo de suspensión podrán adoptarse las medidas cautelares que sean necesarias para asegurar la protección del interés público o de terceros y la eficacia de la resolución o el acto impugnado.

Cuando de la suspensión puedan derivarse perjuicios de cualquier naturaleza, aquélla sólo producirá efectos previa prestación de caución o garantía suficiente para responder de ellos, en los términos establecidos reglamentariamente.

La suspensión se prolongará después de agotada la vía administrativa cuando, habiéndolo solicitado previamente el interesado, exista medida cautelar y los efectos de ésta se extiendan a la vía contencioso-administrativa. Si el interesado interpusiera recurso contencioso-administrativo, solicitando la suspensión del acto objeto del proceso, se mantendrá la suspensión hasta que se produzca el correspondiente pronunciamiento judicial sobre la solicitud.

5. Cuando el recurso tenga por objeto la impugnación de un acto administrativo que afecte a una pluralidad indeterminada de personas, la suspensión de su eficacia habrá de ser publicada en el periódico oficial en que aquél se insertó.

FORMULARIO 19
RECURSO REPOSICIÓN CON SUSPENSIÓN DEL ACTO

ÁREA FUNCIONAL DE TRABAJO E INMIGRACIÓN
ARRAIGO SOCIAL
EXPDTE 280120***04199
ASUNTO RECURSO DE REPOSICIÓN

(1) Código Identificación de Administración xxxxxxxxx

(2) A LA DELEGACIÓN DE GOBIERNO DE MADRID

(3) J********************** mayor de edad, de nacionalidad mexicana, con domicilio a efectos de notificaciones en la Calle Gran Vía 55, 8° C, CP-28013, Madrid, ante el organismo referido al margen comparece y DICE

PRIMERO.- Que el pasado 29 de junio le ha sido notificada Resolución mediante la que se deniega la autorización de residencia por circunstancias excepcionales por razones de arraigo a Dª ****************O.

SEGUNDO.- Que no estando conforme con dicha resolución, todo sea en términos de defensa, viene por el presente escrito a interponer RECURSO DE REPOSICIÓN, en tiempo y forma en base a los siguientes

(4) HECHOS

PRIMERO.- Que desde marzo 20** hasta abril 20** ha residido legalmente en España como estudiante, con los permisos correspondientes de Estancia por Estudios y las autorizaciones necesarias para trabajar.

SEGUNDO.- Que el 27 de enero de 20** solicita la autorización de residencia temporal y trabajo por cambio de tarjeta de estudiante que es denegada el 23 de febrero de 20** por no acreditar los tres años como estudiante y no acreditar que no ha sido subvencionado o becado por instituciones públicas o privadas en el país de origen. Se presenta recurso de reposición en plazo que es denegado por "no ser posible que el trabajador extranjero cumpla con el doble requisito exigido en el Reglamento de Extranjería de solicitar la modificación durante los tres meses anteriores a la extinción de la autorización de estancia por estudios y haber permanecido en España durante, al menos, tres años en la situación de estancia por estudios." Se volvió a presentar recurso al cual no ha contestado la Administración.

TERCERO.- Que el 28 de enero de 20** ************************J solicitó autorización de residencia por circunstancias excepcionales de arraigo.

CUARTA.- Que le fue denegada dicha autorización de residencia por circunstancias excepcionales por los siguientes motivos:

— El Artículo **) del Real Decreto *****, establece como requisito esencial contar con un contrato de trabajo de duración no inferior a un año.

— Examinado el contrato de trabajo aportado junto a la solicitud, se comprueba que se trata de DURACIÓN DETERMINADA en donde no figura ninguno de los supuestos que de acuerdo con el artículo 1 del Real Decreto *****, pueden celebrarse bajo esta modalidad. Como consecuencia de la indeterminación del contrato, no queda acreditado que la Empresa garantice al trabajador la actividad laboral de un año que exige la normativa reguladora del procedimiento (articulo ****) del Real Decreto *******************).

— El art. ***** Real Decreto **************** establece como requisito esencial contar con un CONTRATO de trabajo, se comprueba que la Empresa / Empleador no acredita, con la documentación que presenta, medios económicos, materiales y personales para hacer frente a las obligaciones derivadas del contrato de trabajo (art. ***) y Art. ***) del Real Decreto ************

— El art. ***** del Real Decreto *************establece como requisito esencial contar con un CONTRATO de trabajo, se comprueba que la Empresa / Empleador no se encuentra al corriente del cumplimiento de sus obligaciones de Seguridad Social según informe de la Tesorería General de la Seguridad Social (art. **********) del Real Decreto ************* (Documento nº 1)

QUINTO.- Que antes de dictar dicha Resolución, no se dictó ningún requerimiento ni se dio oportunidad ninguna al interesado para subsanar.

SEXTO.- Que por medio del presente escrito viene a aportar un contrato de trabajo en modelo normalizado del Ministerio de Trabajo e Inmigración en el que se garantiza al trabajador la actividad laboral de un año que exige la normativa reguladora del procedimiento (art. ***********) del Real Decreto *****************) (Documento nº 2). Con la aportación de dicho contrato se acredita que el empleador sigue interesado en iniciar la relación laboral con Doña *****************.

SÉPTIMO.- Se presentan además los certificados de cuentas de los años 20** y 20** (Documentos nº 3 y 4 respectivamente) con la finalidad de acreditar los medios económicos, materiales y personales para hacer frente a las obligaciones derivadas del contrato de trabajo (art. *****c) y Art. ***) del Real Decreto

OCTAVO.- Por último, se presenta también Certificado de la Agencia Tributaria que acredita que la empresa se encuentra al corriente de sus obligaciones tributarias y Certificado de la Tesorería General de la Seguridad Social con el que se comprueba que la empresa sí se encuentra al corriente del cumplimiento de sus obligaciones de Seguridad Social (Documentos nº 5 y 6)

FUNDAMENTOS DE DERECHO

PRIMERO.- Que con el contrato de trabajo en modelo normalizado del Ministerio de Trabajo e Inmigración que se aporta con el presente escrito, (documento nº 2) el interesado cumple con todos los requisitos establecidos en el RD ****** para la obtención de la autorización de residencia por circunstancias excepcionales por razones de arraigo, artículo *****):

> "A los extranjeros que acrediten la permanencia continuada en España durante un período mínimo de tres años, siempre que carezcan de antecedentes penales en España y en su país de origen, cuenten con un contrato de trabajo firmado por el trabajador y el empresario en el momento de la solicitud cuya duración no sea inferior a un año y bien acrediten vínculos familiares con otros extranjeros residentes, bien presenten un informe que acredite su inserción social emitido por el ayuntamiento en el que tenga su domicilio habitual."

SEGUNDO.- En relación a la subsanación de solicitudes, el artículo 68.1 de la LO 39/2015 establece:

1. Si la solicitud de iniciación no reúne los requisitos que señala el artículo 66, y, en su caso, los que señala el artículo 67 u otros exigidos por la legislación específica aplicable, se requerirá al interesado para que, en un plazo de diez días, subsane la falta o acompañe los documentos preceptivos, con indicación de que, si así no lo hiciera, se le tendrá por desistido de su petición, previa resolución que deberá ser dictada en los términos previstos en el artículo 21.

En el caso que nos ocupa se ha negado a la interesada el derecho a la subsanación de la solicitud, visto que se ha procedido directamente a la Denegación de la Autorización de Residencia por Circunstancias Excepcionales sin efectuar Requerimiento ninguno.

Por lo expuesto SOLICITA que tenga por presentado este escrito, se sirva admitirlo junto con los documentos que se adjuntan, por interpuesto RECURSO DE REPOSICIÓN en tiempo y forma y, a la vista de lo manifestado, de las alegaciones efectuadas y de la documentación incorporada y una vez realizados los trámites legales, proceda a dictar nueva resolución en que se conceda la autorización de residencia por circunstancias excepcionales por razones de arraigo a favor de JESSICA CASTELLANOS GUERRERO.

OTRO SÍ DICE que SOLICITA LA SUSPENSIÓN DE LA OBLIGACIÓN DE ABANDONO DEL TERRITORIO ESPAÑOL que advierte la resolución en base a los siguientes

HECHOS

PRIMERO.- La interesada cumple con todos los requisitos establecidos en la legislación para la concesión de la autorización de residencia y trabajo por circunstancias excepcionales, entre otros la situación de arraigo y la posesión de medios económicos suficientes- contrato de trabajo-

SEGUNDO.- Los motivos de denegación de dicha autorización son cuestiones que se subsanan con la aportación junto con este escrito de los documentos nº 2, 3, 4, 5 y 6.

FUNDAMENTOS DE DERECHO

PRIMERO.- El artículo 117.1.b) de la Ley 39/2015 en el que se establece:

Artículo 117 Suspensión de la ejecución

1. La interposición de cualquier recurso, excepto en los casos en que una disposición establezca lo contrario, no suspenderá la ejecución del acto impugnado.
2. No obstante lo dispuesto en el apartado anterior, el órgano a quien competa resolver el recurso, previa ponderación, suficientemente razonada, entre el perjuicio que causaría al interés público o a terceros la suspensión y el ocasionado al recurrente como consecuencia de la eficacia inmediata del acto recurrido, podrá suspender, de oficio o a solicitud del recurrente, la ejecución del acto impugnado cuando concurran alguna de las siguientes circunstancias:
    a) Que la ejecución pudiera causar perjuicios de imposible o difícil reparación.
    b) Que la impugnación se fundamente en alguna de las causas de nulidad de pleno derecho previstas en el artículo 47.1 de esta Ley.

SEGUNDO.- La ejecución de la salida obligatoria impuesta por la Administración le causaría graves perjuicios a la interesada que se concretan en los siguientes:

— Imposibilidad de ver reconocido su derecho a la residencia legal en territorio español, pues cumple con todos los requisitos para la concesión de una autorización de residencia y trabajo por circunstancias excepcionales por arraigo social.

— Dificultad de reconocimiento de sus estudios españoles en el extranjero. El reconocimiento tanto oficial como en la esfera profesional de sus estudios realizados en España, en otro país como por ejemplo México, es dificultoso y conlleva demasiado tiempo para una joven que necesita incorporarse en el mercado laboral lo antes posible para evitar quedarse atrapada por la temporalidad del mercado laboral.

— Frustración del desarrollo de su carrera profesional, pues durante su estancia en España como estudiante ha tenido la oportunidad de trabajar como estudiando y con el disfrute de becas con la empresa Z**********. y ************ S.L. que desea contratarla como trabajadora.

SEGUNDO.- Tiene declarado el Tribunal Supremo que resulta aplicable la doctrina de la expulsión, en cuanto a la posibilidad de suspensión de obligación de salida.

(Auto TS 27 de Septiembre de 1994): "tal doctrina es perfectamente aplicable a la obligación impuesta a un súbdito extranjero de abandonar el territorio nacional antes de determinada fecha, ya que, aunque no constituye un acuerdo de expulsión de nuestro país, si crea un deber jurídico de cumplimiento, y por tanto, debe salir del territorio español, equivalente en sus efectos a la ejecución de un mandato de expulsión (Auto del mismo Tribunal de 27 de septiembre de 1994)."

TERCERO.- Arraigo en territorio español: De los datos anteriores se desprende que el tiempo de estancia de mi representado en España y la relación laboral- oferta de trabajo- es considerada arraigo por la jurisprudencia del Tribunal Supremo y suficiente por si sola para acceder a estimar las medidas ya que se considera que prevalecen dichos vínculos frente al interés general.

STS de 17 de noviembre de 2004: "Es jurisprudencia consolidada que los vínculos con el lugar en que se reside, ya sean de tipo económico, social o familiar, son relevantes para apreciar la existencia de arraigo en el territorio y determinantes de la prevalecía de tales vínculos frente al interés general en que se lleve acabo la expulsión de quien carezca de permiso o autorización para residir (Sentencias de esta Sala de 28 de diciembre de 1998, 23 de enero, 3 de mayo, 11 de octubre, 15 de noviembre y 4 de diciembre de 1999 y 20 de enero de 2001, entre otras)"

CUARTO.- Ponderación de intereses en conflicto.- Resulta claro que el interés general no se ve afectado por el hecho de que la recurrente permanezca en territorio español durante el tiempo que dure la tramitación del presente recurso- que según establece la ley se ha de resolver en tres meses- por varias razones:

a) Porque lleva más de 4 años residiendo legalmente en España sin que ello haya supuesto ningún perjuicio a los intereses generales ni los mismo se han visto afectados, situación que ha generado arraigo suficiente
b) Ha procedido en los momentos oportunos a la realización de los trámites necesarios para su residencia legal, tanto con la solicitud de autorización de residencia temporal y trabajo por cambio de tarjeta como por la solicitud de autorización de residencia temporal y trabajo por arraigo.
c) No tiene antecedentes policiales ni penales ni ningún otro elemento negativo que pudiera indicar conducta anti-social

En el sentido alegado referir las siguientes Sentencias del Tribunal Supremo

STS 31 de Enero de 2008: "hemos dejado sentadas las consideraciones jurídicas que han de valorarse a la hora de resolver sobre peticiones de suspensión como la que ahora nos ocupa. "Decíamos entonces, (STS 24 de noviembre 2004) y hemos de recordar ahora, que las dificultades de defenderse en el proceso para los extranjeros obligados a salir del territorio español no tienen un valor decisivo para acceder a la suspensión de la ejecutividad de la orden de expulsión o de la conminación a abandonar dicho territorio, porque, de lo contrario, la suspensión se convertiría en una medida cautelar automática, lo que no se compadece con el principio de eficacia administrativa. Y añadíamos que el arraigo de un ciudadano extranjero en territorio español, bien sea por razones económicas, sociales o familiares, es causa suficiente para suspender la ejecutividad de una orden de expulsión o la obligación impuesta de abandonar España, por considerarse en estos casos como prevalente, de ordinario, el interés particular frente al general. Es más, en un caso así el mantenimiento de esos vínculos económicos, sociales o familiares con el lugar en el que se reside, sin merma quebranto o ruptura mientras se tramita el proceso, constituye, también, una o la finalidad legitima del recurso, en el sentido en que este concepto jurídico indeterminado es utilizado en la norma recogida en el articulo 130.1 de la actual Ley de la Jurisdicción.

Y en esta materia... De obligación de abandonarlo en determinada fecha, como recuerda la STS de 20 de julio de 2002, reiterado después en otras muchas posteriores como la de 17 de julio de 2003, el Tribunal Supremo, en diversas resoluciones relativas a los acuerdos de suspensión de la ejecución de decisiones administrativas de expulsión de extranjeros del territorio nacional, ha sentado el criterio de que tal suspensión resulta procedente cuando la persona afectada tiene arraigo en España, por razón de sus intereses familiares o económicos, por lo que la ejecución inmediata de la orden de expulsión habría de producirle unos perjuicios de reparación difícil, que en parte afectaría a su esfera personal (autos de 1 de septiembre de 1987, 6 de febrero de 1988 y 17 de septiembre de 1992),

STS de 17 de noviembre de 2004 "Es jurisprudencia consolidada que los vínculos con el lugar en que se reside, ya sean de tipo económico, social o familiar, son relevantes para apreciar la existencia de arraigo en el territorio y determinantes de la prevalencia de tales vínculos frente al interés general en que se lleve acabo la expulsión de quien carezca de permiso o autorización para residir (Sentencias de esta Sala de 28 de diciembre de 1998, 23 de enero, 3 de mayo, 11 de octubre, 15 de noviembre y 4 de diciembre de 1999 y 20 de enero del 2001, entre otras)

En conclusión, aporta más al Estado trabajando y como contribuyente pudiéndose desarrollar en el mundo laboral, una vez obtenida la autorización de residencia y trabajo, que con la denegación de la mencionada autorización al ser acreedora de unos derechos sociales.

Por lo expuesto SOLICITA que se proceda a dejar en SUSPENSO DICHA SALIDA OBLIGATORIA.

(5) En Madrid a 15 de junio de 20**,

(6) Fdo. J*************

1. Código Identificación de Administración. 2. Órgano o Administración a la que se dirige. 3. Nombre y apellidos del interesado. 4. Exposición de Hechos y aportación de documentos. 5. Lugar y fecha. 6. Firma.

FORMULARIO 20
RECURSO ALZADA

Legislación aplicable

Artículo 121. **Objeto**

1. Las resoluciones y actos a que se refiere el artículo 112.1, cuando no pongan fin a la vía administrativa, podrán ser recurridos en alzada ante el órgano superior jerárquico del que los dictó. A estos efectos, los Tribunales y órganos de selección del personal al servicio de las Administraciones Públicas y cualesquiera otros que, en el seno de éstas, actúen con autonomía funcional, se considerarán dependientes del órgano al que estén adscritos o, en su defecto, del que haya nombrado al presidente de los mismos.

2. El recurso podrá interponerse ante el órgano que dictó el acto que se impugna o ante el competente para resolverlo.

Si el recurso se hubiera interpuesto ante el órgano que dictó el acto impugnado, éste deberá remitirlo al competente en el plazo de diez días, con su informe y con una copia completa y ordenada del expediente.

El titular del órgano que dictó el acto recurrido será responsable directo del cumplimiento de lo previsto en el párrafo anterior.

Artículo 122. **Plazos**

1. El plazo para la interposición del recurso de alzada será de un mes, si el acto fuera expreso. Transcurrido dicho plazo sin haberse interpuesto el recurso, la resolución será firme a todos los efectos.

Si el acto no fuera expreso el solicitante y otros posibles interesados podrán interponer recurso de alzada en cualquier momento a partir del día siguiente a aquel en que, de acuerdo con su normativa específica, se produzcan los efectos del silencio administrativo.

2. El plazo máximo para dictar y notificar la resolución será de tres meses. Transcurrido este plazo sin que recaiga resolución, se podrá entender desestimado el recurso, salvo en el supuesto previsto en el artículo 24.1, tercer párrafo.

3. Contra la resolución de un recurso de alzada no cabrá ningún otro recurso administrativo, salvo el recurso extraordinario de revisión, en los casos establecidos en el artículo 125.1.

Artículo 24. **Silencio administrativo en procedimientos iniciados a solicitud del interesado**

3. La obligación de dictar resolución expresa a que se refiere el apartado primero del artículo 21 se sujetará al siguiente régimen:

a) En los casos de estimación por silencio administrativo, la resolución expresa posterior a la producción del acto sólo podrá dictarse de ser confirmatoria del mismo.

FORMULARIO 20
RECURSO ALZADA

Expediente número 280*********

(1) Código Identificación de Administración XXXXXXXXXXXX

(2) AL MINISTERIO DE ******************

(3) D. LUIS- VIDAL DE MARTÍN SANZ, Letrado del ICAM, Col. 53.782 y de D. ************, cuyos demás datos constan en el Expediente y con domicilio a efectos de notificaciones sito en C/ Gran Vía, 55, 8º C, C.P. 28013 de Madrid ante la Subdirección General de Recursos comparezco y DIGO:

Que habiéndome sido notificada la denegación de la segunda renovación del Permiso de Residencia y Trabajo, procedo por medio del presente escrito y en la representación que ostento a formular RECURSO DE ALZADA contra la citada denegación.

Todo ello con base en las siguientes,

ALEGACIONES

PRIMER MOTIVO.- Procedencia de la renovación.

El interesado lleva en España tres años e iba a solicitar su segunda renovación.

Para la concesión de primera residencia y su renovación el art. 31.7 de la Ley de Extranjería la ley exige

> 7. Para la renovación de las autorizaciones de residencia temporal, se valorará en su caso:
>
> a) Los antecedentes penales, considerando la existencia de indultos o las situaciones de remisión condicional de la pena o la suspensión de la pena privativa de libertad.
>
> b) El incumplimiento de las obligaciones del extranjero en materia tributaria y de seguridad social.

A los efectos de dicha renovación, se valorará especialmente el esfuerzo de integración del extranjero que aconseje su renovación, acreditado mediante un informe positivo de la Comunidad Autónoma que certifique la asistencia a las acciones formativas contempladas en el artículo 2 ter de esta Ley.

Debemos señalar que el interesado no tiene antecedentes penales, ya que la condena por un delito leve no constituye antecedente penal.

La denegación de la renovación se basa en el art. 162.2 b) del Reglamento de Extranjería Cuando desaparezcan las circunstancias que sirvieron de base para su concesión

Que la interpretación de las circunstancias debe hacerse de forma restringida............ La existencia de detenciones policiales (sin consecuencia penales) tales como una mera identificación o aplicación de la Ley de seguridad ciudadana, no son causa que modifique la base para la concesión y renovación de los permisos.

Detenciones policiales que llevan aparejada la incoación de un proceso (lo que se conoce como imputación de un delito en procedimiento abreviado o estar procesado en el procedimiento ordinario) no es causa para denegar puesto que el art. 37.1.a) del Reglamento de extranjería exige valoración de cada caso concreto.

Por lo que considerar que la tenencia de antecedentes es equiparable a una denegación sería una sanción encubierta y sin la valoración y ponderación de las circunstancias que exige el art. 37.1.a) del Reglamento.

No puede suponer una Sanción encubierta porque atentaría contra el art. 25 de la CE y el art. 27.2 de la Ley 40/2015. Le sentencia del Tribunal Constitucional 77/1983 de 3 de octubre declara la subordinación de los actos de la Administración (de imposición de sanciones) a la autoridad judicial exige que la colisión entre una actuación jurisdiccional y una actuación administrativa haya de resolverse en favor de la primera: De esta premisa son necesarias consecuencias las siguientes a: necesario controla a posterior por la autoridad judicial de los actos administrativos mediante el oportuno recurso b) la imposibilidad de que los órganos de la Administración llevan a cabo actuaciones o procedimientos sancionadores en aquellos casos en que los hechos puedan ser constitutivos de delito o falta según el Código Penal o las leyes penales especiales, mientras la autoridad judicial no se haya pronunciado sobre ellos c) la necesidad de respetar la cosa juzgada.

En conclusión, en el caso que nos ocupa, la resolución carece de motivación, no entendiéndose jurídicamente que circunstancias, ni que proceso lógico le llevan a informar desfavorablemente y si esas conclusiones están dentro de los limites que marca la Constitución española en cuanto al respeto de la presunción de inocencia y de resolución jurídica razonada, y los principios de legalidad y tipicidad. **vulnerándose el art. 471.a) de la Ley 39/2015, en tanto que la resolución es arbitraria, carente de motivación atentando con el Derecho fundamente de obtener una resolución fundada en derecho y por tanto siendo una resolución nula.**

SEGUNDO MOTIVO Silencio Positivo renovación debe concederse en tanto que no ha habido resolución en el plazo de tres meses

La solicitud fue presentada en fecha 21 de Abril de 2.0**, con lo que en fecha 21 de Julio de 2.0** habría derivado ya, en un silencio administrativo positivo, sin que en fechas posteriores pueda efectuarse trámite alguno destinado a una resolución del procedimiento, ya que la <u>resolución favorable del mismo</u>, está determinada por el Reglamento.

El reglamento de Extranjería Establece:

> "Transcurrido el plazo para resolver sobre una solicitud de renovación de autorización de residencia y trabajo por cuenta ajena, ésta se entenderá estimada."

Este artículo hay que ponerlo en relación con la Disposición Adicional que indica claramente:

> "El plazo general máximo para notificar las resoluciones sobre las solicitudes que se formulen por los interesados en los procedimientos regulados en este Reglamento será de tres meses contados a partir del día siguiente al de la fecha en que hayan tenido entrada en el registro del órgano competente para tramitarla."

> ***Artículo 24.*** **Silencio administrativo en procedimientos iniciados a solicitud del interesado**
>
> 3. La obligación de dictar resolución expresa a que se refiere el apartado primero del artículo 21 se sujetará al siguiente régimen:
>
> a) En los casos de estimación por silencio administrativo, la resolución expresa posterior a la producción del acto sólo podrá dictarse de ser confirmatoria del mismo.

En este sentido ha venido pronunciándose tradicionalmente nuestra Jurisprudencia:

> "Es obvio, a la vista de la tramitación del expediente que la resolución del mismo tiene, un claro carácter extemporáneo, y que por tanto, no es dable aceptar la decisión tomada por la Delegación del Gobierno como una medida fundada en derecho, ya que contradice clara y expresamente el sentido de la Ley. "claramente resulta la naturaleza positiva del silencio administrativo en lo que se refiere a la solicitud de renovación del permiso de trabajo y de residencia... la Ley y Reglamento de Extranjería no distingue entre ambos permisos y concede el mismo trato a los mismos al extender a ambos la institución del silencio administrativo positivo. Por lo tanto la institución del silencio administrativo positivo, opera inexorablemente si en el plazo establecido no se notifica al interesado la resolución expresamente denegatoria." (STSJ Castilla- León (Burgos), 27 de Mayo de 2.003).

Doctrina que se mantiene inexorable, estableciendo de manera clara, cuáles son las consecuencias en el caso de que la Administración no cumpla con los plazos expresamente previsto en la legislación vigente:

> "en consecuencia, tratándose de una renovación de permiso de residencia, el silencio es positivo y por tanto la estimación por silencio administrativo tiene a todos los efectos la consideración de acto administrativo finalizador del procedimiento..." (STSJ Cantabria. 12 de Julio de 2.002).

Y también:

> "en los casos de estimación por silencio administrativo, la resolución expresa posterior a la producción del acto sólo podrá dictarse de ser confirmatoria del mismo." (STSJ País Vasco. 19 de Diciembre de 2.003).

Es decir, que a la vista de lo expuesto, deviene claramente extemporánea la resolución de fecha 6 de Septiembre de 2.0**, y por tanto procede se decrete su nulidad.

Por todo lo expuesto,

SOLICITO: Que teniendo este escrito por presentado con sus copias, lo acepte, y tenga por formalizado en tiempo y forma RECURSO DE ALZADA contra la decisión de la Delegación del Gobierno de Madrid de fecha 6 de septiembre de 2.0**, recaída en el Expediente supra referenciado, por el que se le denegaba la renovación del Permiso de Trabajo y Residencia por cuenta ajena a D. *******, para que, previos los trámites legales, lo estime en su totalidad y decreta la nulidad de dicha resolución, dictando otra en su lugar por la que se conceda la renovación de la mencionada autorización de trabajo y residencia en España, procediendo a su emisión.

En Madrid a 17 de Octubre de 2.0**

Ldo.- Luis- Vidal de Martín Sanz
Col. 53.782

1. Código Identificación de Administración. 2. Órgano o Administración a la que se dirige. 3. Nombre y apellidos del interesado. 4. Exposición de Hechos y aportación de documentos. 5. Lugar y fecha. 6. Firma.

FORMULARIO 21
RECURSO ALZADA CON SUSPENSIÓN

Legislación

Artículo 121. **Objeto**

1. Las resoluciones y actos a que se refiere el artículo 112.1, cuando no pongan fin a la vía administrativa, podrán ser recurridos en alzada ante el órgano superior jerárquico del que los dictó. A estos efectos, los Tribunales y órganos de selección del personal al servicio de las Administraciones Públicas y cualesquiera otros que, en el seno de éstas, actúen con autonomía funcional, se considerarán dependientes del órgano al que estén adscritos o, en su defecto, del que haya nombrado al presidente de los mismos.

2. El recurso podrá interponerse ante el órgano que dictó el acto que se impugna o ante el competente para resolverlo.

Si el recurso se hubiera interpuesto ante el órgano que dictó el acto impugnado, éste deberá remitirlo al competente en el plazo de diez días, con su informe y con una copia completa y ordenada del expediente.

El titular del órgano que dictó el acto recurrido será responsable directo del cumplimiento de lo previsto en el párrafo anterior.

Artículo 122. **Plazos**

1. El plazo para la interposición del recurso de alzada será de un mes, si el acto fuera expreso. Transcurrido dicho plazo sin haberse interpuesto el recurso, la resolución será firme a todos los efectos.

Si el acto no fuera expreso el solicitante y otros posibles interesados podrán interponer recurso de alzada en cualquier momento a partir del día siguiente a aquel en que, de acuerdo con su normativa específica, se produzcan los efectos del silencio administrativo.

2. El plazo máximo para dictar y notificar la resolución será de tres meses. Transcurrido este plazo sin que recaiga resolución, se podrá entender desestimado el recurso, salvo en el supuesto previsto en el artículo 24.1, tercer párrafo.

3. Contra la resolución de un recurso de alzada no cabrá ningún otro recurso administrativo, salvo el recurso extraordinario de revisión, en los casos establecidos en el artículo 125.1.

Artículo 117. **Suspensión de la ejecución**

1. La interposición de cualquier recurso, excepto en los casos en que una disposición establezca lo contrario, no suspenderá la ejecución del acto impugnado.

2. No obstante lo dispuesto en el apartado anterior, el órgano a quien competa resolver el recurso, previa ponderación, suficientemente razonada, entre el perjuicio que causaría al interés público o a terceros la suspensión y el ocasionado al recurrente como consecuencia de la eficacia inmediata del acto recurrido, podrá suspender, de oficio o a solicitud del recurrente, la ejecución del acto impugnado cuando concurran alguna de las siguientes circunstancias:

a) Que la ejecución pudiera causar perjuicios de imposible o difícil reparación.

b) Que la impugnación se fundamente en alguna de las causas de nulidad de pleno derecho previstas en el artículo 47.1 de esta Ley.

3. La ejecución del acto impugnado se entenderá suspendida si transcurrido un mes desde que la solicitud de suspensión haya tenido entrada en el registro electrónico de la Administración u Organismo competente para decidir sobre la misma, el órgano a quien competa resolver el recurso no ha dictado y notificado resolución expresa al respecto. En estos casos, no será de aplicación lo establecido en el artículo 21.4 segundo párrafo, de esta Ley.

4. Al dictar el acuerdo de suspensión podrán adoptarse las medidas cautelares que sean necesarias para asegurar la protección del interés público o de terceros y la eficacia de la resolución o el acto impugnado.

Cuando de la suspensión puedan derivarse perjuicios de cualquier naturaleza, aquélla sólo producirá efectos previa prestación de caución o garantía suficiente para responder de ellos, en los términos establecidos reglamentariamente.

La suspensión se prolongará después de agotada la vía administrativa cuando, habiéndolo solicitado previamente el interesado, exista medida cautelar y los efectos de ésta se extiendan a la vía contencioso-administrativa. Si el interesado interpusiera recurso contencioso-administrativo, solicitando la suspensión del acto objeto del proceso, se mantendrá la suspensión hasta que se produzca el correspondiente pronunciamiento judicial sobre la solicitud.

5. Cuando el recurso tenga por objeto la impugnación de un acto administrativo que afecte a una pluralidad indeterminada de personas, la suspensión de su eficacia habrá de ser publicada en el periódico oficial en que aquél se insertó.

FORMULARIO 21
RECURSO ALZADA CON SUSPENSIÓN

ASUNTO: RECURSO DE ALZADA

Expte: 28***********

A LA DIRECCIÓN GENERAL DE TRÁFICO
(Calle José Valcárcel 28, 28071 Madrid)

Don ********* mayor de edad, con DNI *******W y domicilio a efectos de notificaciones en la Calle Orense, ********* de Madrid ante el organismo referido al margen comparece y DICE:

Que mediante el presente escrito se viene a interponer RECURSO DE ALZADA ante la Directora General de Tráfico según lo dispuesto en los artículos, 121 y 122 de la Ley 39/2015 contra la Resolución declarativa de pérdida de vigencia de autorización administrativa para conducir, notificada el pasado día 11 de Diciembre de 201*, conforme a los siguientes

HECHOS

PRIMERO.- Que el pasado 11 de Diciembre de 201* fue notificada la resolución declarativa de pérdida de vigencia de autorización administrativa para conducir de Don ************.

Que el único fundamento de Derecho que recoge esta resolución es el siguiente: "Habida cuenta que en el presente caso se ha comprobado que el interesado ha perdido la totalidad de puntos que fueron asignados a su autorización administrativa para conducir, sin que puedan tenerse en cuenta las alegaciones formuladas ya que en nada desvirtúan la situación de firmeza de las sanciones que constan en el apartado correspondiente".

Ante dicho fundamento tenemos que recordar que contra las sanciones impuestas, con números de expediente 9749***** y 9783**** se interpusieron los correspondientes recursos extraordinarios de revisión ante el Ayuntamiento de Madrid, por ser éste la autoridad sancionadora. Que dichos recursos extraordinarios de revisión no han sido resueltos, y que por lo tanto no cabe considerar firmes las sanciones. Que la Administración tiene, en virtud del artículo 35 de la ley 39/2015 la obligación de motivar y razonar suficientemente sus resoluciones, no pudiendo limitarse a señalar "que en nada desvirtúan la situación de firmeza de las sanciones". Se aporta como Documento número 1 los dos Recursos extraordinarios de revisión interpuestos.

SEGUNDO.- Que el motivo alegado en los ya citados recursos extraordinarios de revisión era la falta de notificación absoluta de las sanciones impuestas por el Ayuntamiento de Madrid al interesado, Don **************. No fue notificada la apertura del expediente sancionador, ni le fue concedido un plazo para efectuar las alegaciones oportunas, ni finalmente le fue notificada la propuesta de resolución del Ayuntamiento.

Que por este motivo el Ayuntamiento vulneró el artículo 41 de la ley 39/2015 al no haber realizado la correcta y necesaria notificación de la resolución. Con esta actuación., la Administración ha actuado prescindiendo absolutamente del procedimiento legalmente establecido, y por lo tanto, incurriendo en la causa de nulidad del artículo 47.1.e) de la Ley 39/2015 PAC.

TERCERO.- Conforme a todo ello hemos de concluir que la Jefatura Provincial de Madrid no debió dictar la resolución declarativa de pérdida de vigencia de autorización administrativa, puesto que se había puesto en su conocimiento la existencia de estos dos recursos extraordinarios de revisión que impedían la firmeza de la sanción, y no procedía por tanto declarar la pérdida de la vigencia de la autorización para conducir antes de conocer el resultado de los recursos extraordinarios de revisión.

Con esta actuación la Jefatura no hace sino volver a vulnerar el artículo 47 de la ley 39/2015, puesto que una vez más continúa con el procedimiento, prescindiendo de los trámites legalmente establecidos, que en este caso le obligan a esperar la resolución de los recursos extraordinarios de revisión del Ayuntamiento antes de declarar la pérdida de la autorización para conducir.

Por lo expuesto ***SOLICITO:***

Que tenga por presentado este escrito, se sirva admitirlo y por hechas las manifestaciones que en el mismo se contienen, por interpuesto RECURSO DE ALZADA en tiempo y forma y a la vista del contenido del mismo se declare la nulidad de notificación y se retrotraigan las actuaciones correctamente hasta la debida terminación del procedimiento

OTROSÍ: SUSPENSIÓN DEL ACTO ADMNISTRATIVO IMPUGNADO EN BASE AL ARTÍCULO 117 DE LA LEY 39/2015

Al amparo de lo dispuesto en el artículo 117.2 de la ley 39/2015 de 26 de noviembre de Régimen Jurídico de las Administraciones Públicas, procede suspende la ejecución del acto impugnado en este recurso.

Dicho artículo establece lo siguiente:

> "2. No obstante lo dispuesto en el apartado anterior, el órgano a quien competa resolver el recurso, previa ponderación, suficientemente razonada, entre el perjuicio que causaría al interés público o a terceros la suspensión y el perjuicio que se causa al recurrente como consecuencia de la eficacia inmediata del acto recurrido, podrá suspender, de oficio o a solicitud del recurrente, la ejecución del acto impugnado cuando concurran alguna de las siguientes circunstancias:
>
> a. Que la ejecución pudiera causar perjuicios de imposible o difícil reparación.
>
> b. Que la impugnación se fundamente en alguna de las causas de nulidad de pleno derecho previstas en el ***artículo 47.1 de esta Ley***"

Basándonos en este artículo, procede la suspensión del acto impugnado en base a que:

1. La ejecución puede causar perjuicios de imposible o difícil reparación.

Si se ejecuta el acto impugnado y se impide al Señor L************** continuar conduciendo, se le avoca a una situación de difícil o imposible reparación, puesto que la conducción es su medio de vida. L************ tiene una pequeña empresa de transportes, dedicándose por tanto a realizar entregas de mercancía, para lo que inevitablemente necesita conducir, siendo el coche su medio de trabajo. Los perjuicios que se le causarían serían especialmente graves, en primer lugar, porque al no poder conducir, no podrá realizar su trabajo, y por los tanto no obtendrá recursos suficientes para su subsistencia; y en segundo lugar, porque, de no adaptarse la medida solicitada, el presente recurso carecería de sentido y, si finalmente la resolución del mismo fuera positiva conforme a los intereses del recurrente, la misma ya no sería eficaz habida cuenta del tiempo que transcurre desde la interposición hasta la resolución del mismo; tiempo que juega en perjuicio del interesado.

2. La impugnación se basa en uno de los motivos del artículo 47.1 de la ley 39/2015.

Las razones alegadas en el presente recurso se fundamentan en distintos motivos pero uno de ellos, es la nulidad de la resolución que se recurre al haberse dictado la misma prescindiendo legalmente total y absolutamente del procedimiento legalmente establecido, motivo recogido en el artículo 47.1 e) de la Ley 30/92.

Por lo expuesto SOLICITA que tenga por **solicitada la suspensión del acto recurrido y se acuerde autorizar provisionalmente al recurrente a seguir conduciendo durante la sustanciación del presente recurso**

En Madrid, a 18 de Diciembre de 20**

Fdo Don ************************

1. Código Identificación de Administración. 2. Órgano o Administración a la que se dirige. 3. Nombre y apellidos del interesado. 4. Exposición de Hechos y aportación de documentos. 5. Lugar y fecha. 6. Firma

FORMULARIO 22
RECURSO EXTRAORDINARIO REVISIÓN

Legislación aplicable.

Artículo 125. **Objeto y plazos**

1. Contra los actos firmes en vía administrativa podrá interponerse el recurso extraordinario de revisión ante el órgano administrativo que los dictó, que también será el competente para su resolución, cuando concurra alguna de las circunstancias siguientes:

- **a)** Que al dictarlos se hubiera incurrido en error de hecho, que resulte de los propios documentos incorporados al expediente.
- **b)** Que aparezcan documentos de valor esencial para la resolución del asunto que, aunque sean posteriores, evidencien el error de la resolución recurrida.
- **c)** Que en la resolución hayan influido esencialmente documentos o testimonios declarados falsos por sentencia judicial firme, anterior o posterior a aquella resolución.
- **d)** Que la resolución se hubiese dictado como consecuencia de prevaricación, cohecho, violencia, maquinación fraudulenta u otra conducta punible y se haya declarado así en virtud de sentencia judicial firme.

2. El recurso extraordinario de revisión se interpondrá, cuando se trate de la causa a) del apartado anterior, dentro del plazo de cuatro años siguientes a la fecha de la notificación de la resolución impugnada. En los demás casos, el plazo será de tres meses a contar desde el conocimiento de los documentos o desde que la sentencia judicial quedó firme.

3. Lo establecido en el presente artículo no perjudica el derecho de los interesados a formular la solicitud y la instancia a que se refieren los artículos 106 y 109.2 de la presente Ley ni su derecho a que las mismas se sustancien y resuelvan.

Artículo 126 **Resolución**

1. El órgano competente para la resolución del recurso podrá acordar motivadamente la inadmisión a trámite, sin necesidad de recabar dictamen del Consejo de Estado u órgano consultivo de la Comunidad Autónoma, cuando el mismo no se funde en alguna de las causas previstas en el apartado 1 del artículo anterior o en el supuesto de que se hubiesen desestimado en cuanto al fondo otros recursos sustancialmente iguales.

2. El órgano al que corresponde conocer del recurso extraordinario de revisión debe pronunciarse no sólo sobre la procedencia del recurso, sino también, en su caso, sobre el fondo de la cuestión resuelta por el acto recurrido.

3. Transcurrido el plazo de tres meses desde la interposición del recurso extraordinario de revisión sin haberse dictado y notificado la resolución, se entenderá desestimado, quedando expedita la vía jurisdiccional contencioso-administrativa.

FORMULARIO 22
RECURSO EXTRAORDINARIO REVISIÓN

ASUNTO: RECURSO EXTRAORDINARIO DE REVISIÓN

Expte: *****

(1) Código Identificación de Administración XXXXXXXX

(2) AL AYUNTAMIENTO DE MADRID

(3) Don ****************, mayor de edad, con DNI ************ y domicilio a efectos de notificaciones en la Calle *******, nº * de Madrid ante el organismo referido al margen comparece y **DICE:**

Que en fecha _________ se dicto por el órgano al que me dirijo la Resolución de fecha _____, por la que se ponía fin al procedimiento sobre _____________ tramitado bajo el número expediente ____/____. Dicha resolución adquirió firmeza al no haber sido objeto de recurso.

Mediante el presente escrito, al amparo de lo previsto en el artículo 125 de la Ley 39/2015, de 1 de octubre, del Procedimiento Administrativo Común de las Administraciones Públicas y dentro del plazo legal de 3 meses previsto en el mismo vengo a interponer **RECURSO EXTRAORDINARIO DE REVISIÓN** con base en la causa prevista en la letra c) del apartado 1 del citado artículo 125, concurriendo los siguientes

(4) ALEGACIONES

PRIMERO el artículo 125.1.c) que los actos firmes en vía administrativa podrán ser objeto de recurso extraordinario de revisión si en aquella resolución hubieran "*influido esencialmente documentos o testimonios declarados falsos por sentencia judicial firme, anterior o posterior a aquella resolución*".

SEGUNDO la Resolución ahora impugnada influyó decisivamente la valoración de una serie de documentos *************** que en su momento aportó el instructor y de los que, con posterioridad a la notificación de la resolución y al vencimiento del plazo para interponer frente a la misma recurso ordinario, he tenido conocimiento de que habían sido declarados falsos en virtud de sentencia judicial recaída en proceso penal.

TERCERO: Se acompañan al presente recurso como **documento número 1** copia de la sentencia firme que declaró la falsedad documental y como **documento número 2** el periódico donde se publicó el artículo en el que aparecía la referencia a dicha sentencia, y en virtud del cual adquirí conocimiento de que los documentos que habían servido de base a la resolución administrativa ahora impugnada habían sido objeto de una declaración judicial de falsedad.

CUARTO .-Es competente el órgano al que tengo el honor de dirigirme al ser el mismo del que proviene la resolución que ahora se impugna, tal como dispone el artículo 125.1 de la Ley 39/2015, de 1 de octubre, del Procedimiento Administrativo Común de las Administraciones Públicas.

QUINTO. PLAZO. Dicho recurso se interpone dentro del plazo de 4 ,

SEXTO: No se incurre en ninguna de las causas de inadmisión del Art. 126.1, por lo que procede su admisión

SÉPTIMO: El órgano al que corresponde conocer del recurso extraordinario de revisión debe pronunciarse no sólo sobre la procedencia del recurso, sino también, en su caso, sobre el fondo de la cuestión resuelta por el acto recurrido.

SOLICITO: que teniendo por recibido el presente, con los documentos acompañados, se tenga por interpuesto en tiempo y forma RECURSO EXTRAORDINARIO DE REVISIÓN contra la Resolución de fecha XX-XX*XXXX que puso fin al expediente administrativo ********* y, previos los trámites legales oportunos, revise la resolución impugnada declare la nulidad de la misma y estime íntegramente nuestras pretensiones.

(5)En Madrid, a 18 de Diciembre de 20**

(6) Fdo Don ************************

1. Código Identificación de Administración. 2. Órgano o Administración a la que se dirige. 3. Nombre y apellidos del interesado. 4. Exposición de Hechos y aportación de documentos. 5. Lugar y fecha. 6. Firma

Correspondencia de artículos

LEY 39/2015 PAC	LEY 30/92
ART. 1 Objeto de la Ley	ART. 1 Objeto de la Ley
ART. 2 Ambito subjetivo de aplicación	ART. 2 Ambito subjetivo de aplicación
ART. 3 Capacidad de obrar	ART. 30 Capacidad de obrar
ART.4 Concepto de interesado	ART.31 Concepto de interesado
ART.5 Representación	ART.32 Representación
ART.6 Registro Electrónico Apoderamientos	
ART. 7 Pluralidad de Interesados	ART. 33 Pluralidad de Interesados
ART. 8. Nuevos Interesados	ART. 34. Identificación Interesados
ART. 9. Sistema de indentificación de los interesados en el procedimiento	
ART.10 Sistema de firma admitidos por AAPP	
ART.11 Uso de medios de identificacion y firma en PAC	ART.70,1,D,) Solicitudes de iniciación
ART. 12 Asistencia en el uso de medios electrónicos a los interesados	
ART.13 Derechos de la personas	ART.53 Derechos de los ciudadano
ART. 14 Derecho y obligación de relacionarse electrónicamente con las AAPP	
ART. 15 Lengua de los Procedimientos	ART. 36 Lengua de los Procedimientos
ART.16 Registros	ART.38 Registros
ART. 17 Archivo de Documentos	
ART.18 Colaboracion de las personas	ART.39 Colaboracion de los ciudadano
ART.19 Comparecencia de las personas	ART. 40 Comparecencia de los ciudadanos
ART. 20 Responsabilidad tramitación	ART. 41 Responsabilidad tramitación
ART. 21 Obligación de resolver	ART. 42 Obligación de resolver

LEY 39/2015 PAC	LEY 30/92
ART. 22 Suspensión del plazo máximo para resolver	ART. 42.5 Suspensión del plazo máximo para resolver
ART. 23 Ampliación del plazo máximo par resolver y notificar	ART. 42.6 Ampliación del plazo máximo par resolver y notificar
ART. 24 Silencio administrativo en procedimientos iniciados a solicitud del interesado	ART. 43 Silencio administrativo en procedimientos iniciados a solicitud del interesado
ART. 25 Falta de resolución expresa en los procedimientos iniciados de oficio	ART44 Falta de resolución expresa en los procedimientos iniciados de oficio
ART. 26 Emisión de documentos por las AAPP	ART. 46 Emisión de documentos por las AAPP
ART. 27 Validez y eficaci de las copias realizadas por las AAPP	ART. 46 Validez y eficaci de las copias realizadas por las AAPP
ART. 28 Documentos aportados por los interesados al procedimiento administrativo	ART. 46 Documentos aportados por los interesados al procedimiento administrativo
ART. 29 Obligatoriedad de términos y plazos	ART. 47 Obligatoriedad de términos y plazos
ART.30 Cómputo de plazos	ART.48 Cómputo de plazos
ART. 31 Cómputo de plazos Producción y contenido	
ART.32 Ampliación	ART.49 Ampliación
ART.33 Tramitación de Urgencia	ART.50 Tramitación de Urgencia
ART. 34 Producción y contenido	ART. 53 Producción y contenido
ART.35 motivación	ART.54 motivación
ART. 36. Forma	ART. 55. Forma
ART.37 inderogabilidad singular	ART.52.2 Publicidad e inderogabilidad singular
ART. 38. Ejecutividad	ART. 56. Ejecutividad
ART. 39. Efectos	ART. 57. Efectos
ART.40 notificación	ART.58 notificación
ART. 41. Condiciones genereales para la práctica de notificaciones	ART. 59. Condiciones genereales para la práctica de notificaciones
ART. 42. Práctica de las Notificaciones en Papel	ART. 59.2 Práctica de las Notificaciones en Papel
ART. 43 Práctica de las notificacioens a través de medios electrónicos	

LEY 39/2015 PAC	LEY 30/92
ART44 Notificación infructuosa	ART. 59.5 Notificación infructuosa
ART. 45 Publicación	ART. 60 Publicación
ART. 46 indicación de notificaciones y publicaciones	ART. 61 indicación de notificaciones y publicaciones
ART. 47 Nulidad de pleno derecho	ART. 62 Nulidad de pleno derecho
ART. 48 Anulabilidad	ART. 63 Anulabilidad
ART. 49 Límites a la extensión de nulidad o anulabilidad de los actos	ART. 64 transmisibilidad
ART.50 Convesión de actos viciados	ART.65 Convesión de actos viciados
ART. 51. Conservación de actos de trámite	ART. 66. Conservación de actos de trámite
ART. 52. Convalidación	ART. 67. Convalidación
ART. 53 Derechos del intereado en el PAC	ART. 35 Derechos del intereado en el PAC
ART.54 Clases de Iniciación	ART.68 Clases de Iniciación
ART.55 Información y Actuaciones previas	ART.69.2 Información y Actuaciones previas
ART.56 Medidas provisionales	ART.72 Medidas provisionales
ART. 57 Acumulación	ART. 73 Acumulación
ART. 58 Iniciación de Oficio	ART. 69.1 Iniciación de Oficio
ART. 59 Inicio del procedimiento a propia iniciativa	ART. 69.1 Iniciación de Oficio
ART.60 Inicio del procedimiento como consecuencia del orden superio	ART. 69.1 Iniciación de Oficio
ART. 61 Inicio del procedimiento por petición razonada de otros órganos	ART. 69.1 Iniciación de Oficio
ART.62 Inicio del procedimiento por denuncia	ART. 69.1 Iniciación de Oficio
ART.63 Especialidades en el inicio de los procedimientos de naturaleza sancionadora	ART.134 Garantias del procedimiento
ART.64 Acuerdo de iniciación en los procedimientos de naturaleza sancionadora	
ART. 65 Especialidades en el inicio de oficio de los procedimientos de responsabilidad patrimonial	
ART.66 Solicitudes de iniciación	ART.70 Solicitudes de iniciación

LEY 39/2015 PAC	LEY 30/92
ART. 67 Solcitudes de iniciación en los procedimientos de responsabilidad patrimonial	
ART. 68 Subsanación y Mejora de la solicitud	ART. 71 Subsanación y Mejora de la solicitud
ART. 69. Declaración responsable y comunicación	
ART. 70 Expediente Administrativo	
ART. 71 Impulso	ART. 74 Impulso
ART. 72 Concentración de Trámites	ART. 75 Concentración de Trámites
ART. 73 Cumplimiento de trámites	ART. 76 Cumplimiento de trámites
ART. 74 Cuestiones incidentales	ART. 77 Cuestiones incidentales
ART. 75 Actos de Isntrucción	ART. 78,1Actos de Isntrucción
ART. 76 Alegaciones	ART. 79 Alegaciones
ART. 77 Medios y períodos de prueba	ART. 80 Medios y períodos de prueba
ART. 78 Práctica de la prueba	ART. 81 Práctica de la prueba
ART. 79 Petición informes	ART. 82 Petición informes
ART. 80 Emisión de Informes	ART. 83 Emisión de Informes
ART. 81 Solicitud de informes y dictámenes en los procedimientos de respon patrimonial	ART.142 Solicitud de informes y dictámenes en los procedimientos de respon patrimonial
ART. 82 Trámite de Audiencia	ART. 84 Trámite de Audiencia
ART. 83 Información Pública	ART. 86 Información Pública
ART. 84 Terminación	ART. 87 Terminación
ART. 85 Terminación en los procedimientos sancionadores	
ART. 86 Terminación convencional	ART. 88 Terminación convencional
ART. 87 Actuaciones complementarias	
ART. 88 Contenido	ART. 89 Contenido
ART. 89 Propuesta de resolución en los procedimientos de carácter sancionador	
ART. 90 Especialidades de la resolución en los procedimientos sancionadores	ART. 138 resolución

LEY 39/2015 PAC	LEY 30/92
ART. 91 Especialidades de la resolución en los procedimientos en materia de responsabilidad patrimonial	ART. 142,7resolución en los procedimientos en materia de responsabilidad patrimonial
ART. 92 Competencia para la resolución de los procedimientos de responsabilidad patrimonial	ART. 142.2 procedimientos de responsabilidad patrimonial
ART. 93. Desistimiento por la Administración	
ART. 94 Desistimiento y renuncia por los interesados	ART. 90. Desistimiento y renuncia por los interesados
ART. 95. Caducidad	ART. 92. Caducidad
ART. 96 Tramitación simplificada del procedimiento administrativo común	
ART. 97 Título	ART. 93 Título
ART. 98 Ejecutoriedad	ART. 94 Ejecutoriedad
ART. 99 Ejecución forzosa	ART. 95 Ejecución forzosa
ART. 100 Medios de ejecución forzosa	ART. 96 Medios de ejecución forzosa
ART. 101 Apremio sobre el patrimonio	ART. 97 Apremio sobre el patrimonio
ART. 102 Ejecución subsidiaria	ART. 98 Ejecución subsidiaria
ART. 103 Multa coercitiva	ART. 99 Multa coercitiva
ART. 104 Compulsión sobre personas	ART. 100 Compulsión sobre personas
ART. 105 Prohibición de acciones posesorias	ART. 101 Prohibición de acciones posesorias
ART. 106 Revisión de disposiciones y actos nulos	ART. 102 Revisión de disposiciones y actos nulos
ART. 107 Declaración de lesividad de actos anulables	ART. 103 Declaración de lesividad de actos anulables
ART. 108 Suspensión	ART. 104 Suspensión
ART. 109 Revocación de actos y rectificación de errores	ART. 105 Revocación de actos y rectificación de errores
ART. 110 Límites de la revisión	ART. 106 Límites de la revisión
ART. 111 Competencia para la revisión de oficio de las disposiciones y de actos nulos y anulable en la AGE	
ART. 112 Recursos. Objeto y clases	ART. 107 Recursos. Objeto y clases

LEY 39/2015 PAC	LEY 30/92
ART. 113.Recurso extraordinario revisión	ART. 108.Recurso extraordinario revisión
ART. 114. Fin de la vía Administrativa	ART. 109. Fin de la vía Administrativa
ART.115 Interposición del recurso	ART.110 Interposición del recurso
ART.116 Causas de inadmisión	
ART. 117 Suspensión de la Ejecución	ART. 111 Suspensión de la Ejecución
ART. 118 Audiencia de los Interesados	ART. 112 Audiencia de los Interesados
ART. 119 Resolución	ART. 113 Resolución
ART. 120 Pluralidad recursos Administrativos	
ART. 121 Recurso Alzada	ART. 114 Recurso Alzada
ART. 122 Plazos Rec Alzada	ART. 115 Plazos Rec Alzada
ART. 123 Recurso reposición	ART. 116 Recurso reposición
ART. 124 Plazos rec reposición	ART. 117 Plazos rec reposición
ART.125 Recurso Revisión	ART.118 Recurso Revisión
ART.126 Resolucón Rec revisión	ART.119 Resolucón Rec revisión
AT 127 Iniciativa legislativa	
ART. 128 Potestad Reglamentaria	
ART. 129 Principios buena regulación	
ART. 130 Evaluacion normativa	
ART. 131 Publicidad de las normas	ART. 52,1 Publicidad de las normas
ART. 132 Planificación normativa	
ART. 133 Participación ciudadanos	ART. 86.4 Información Pública

PROCEDIMIENTO ADMINISTRATIVO PRÁCTICO

Defensa del ciudadano ante la Administración

Luis Vidal Martín Sanz

PROCEDIMIENTO ADMINISTRATIVO PRÁCTICO

Defensa del ciudadano ante la Administración

Dykinson, S.L.

Editorial DYKINSON, S.L. Meléndez Valdés, 61 – 28015 Madrid
Teléfono (+34) 91544 28 46 – (+34) 91544 28 69
e-mail: info@dykinson.com
http://www.dykinson.es
http://www.dykinson.com

ISBN: 978-84-9085-964-3
Depósito Legal: M-36016-2016

Preimpresión:
Besing Servicios Gráficos, S.L.
besingsg@gmail.com

A Raquel.

Contigo en la lucha por la libertad

Contenido